Bolz · Eine kurze Geschichte des Scheins

Norbert Bolz

Eine kurze Geschichte des Scheins

2., unveränderte Auflage 1992

1991

Wilhelm Fink Verlag · München

Umschlagabbildung:
René MAGRITTE „LE FAUX MIROIR", 1927 (Der falsche Spiegel)

CIP-Titelaufnahme der Deutschen Bibliothek

Bolz, Norbert:
Eine kurze Geschichte des Scheins / Norbert Bolz. – München:
Fink, 1991
ISBN 3-7705-2671-6

2., unveränderte Auflage 1992

ISBN 3-7705-2671-6

Herstellung: Ferdinand Schöningh GmbH, Paderborn

Inhaltsverzeichnis

Vorwort

Everything must wear a disguise
in order to be real.
- John le Carré

Seit die neuen elektronischen Medien und Computertechnologien in die Lebenswelt eindringen, verändert sich unser Wirklichkeitsbegriff. Historische Erfahrung lehrt, daß der Wirklichkeitsbegriff einer Lebenswelt immer dann problematisch wird, wenn sich der Bedeutungsgehalt seines symmetrischen Gegenbegriffs wandelt – also des Scheins. Heute stellen die Technologien der Simulation die traditionelle Differenz zwischen Realem und Imaginärem selbst in Frage. Die folgenden Überlegungen zielen deshalb auf eine philosophische Neubestimmung des Verhältnisses von Sein und Schein. Die Frage nach der Logik der Simulation wird sich dabei als eine verschärfte Reformulierung der klassischen Frage erweisen: Ist der Schein nichtig, oder hat er einen eigenen Bestand? Die hier unumgänglichen historischen Analysen werden aber immer auf die aktuelle Herausforderung des Denkens durch die technische Realität der neuen Medien und Computer als ihren Fluchtpunkt bezogen bleiben.

Die philosophische Disziplin, die sich, neben der Erkenntnistheorie, der Frage nach dem Schein stellt, ist die Ästhetik. Sie ist ja längst keine Theorie der (schönen) Künste mehr und zerfällt heute in eine Theorie der *aisthesis* (Medientheorie) und in eine Technologie der digitalen Bilderproduktion (Computergraphik). Die abschließenden Überlegungen dieser kurzen Geschichte des Scheins werden zeigen, wie die philosophische Neubestimmung des Verhältnisses von Sein und Schein im Bereich einer so – also im alten Wortsinne – verstandenen Ästhetik operationalisierbar wird; sie konturieren das Konzept einer Medienästhetik als neuer ‚Leitwissenschaft'.

Natürlich kommt in einer ‚kurzen Geschichte' manches zu kurz, was in einer systematischen oder begriffsgeschichtlichen Darstellung des Schein-Begriffs unbedingt seinen Ort finden müßte. Die folgenden Seiten begnügen sich mit einigen ‚Aktualitätskernen'. Immerhin gestreift werden wichtige Themenkomplexe, zu denen der Verf. einige Essays gleichsam als Abschlagszahlungen, wenn nicht bereits publiziert hat, so doch alsbald vorzulegen hofft:

- anthropologisch das Verhältnis von Schein und Spiel;
- psychoanalytisch der Schrecken des Realen hinter dem Schirm des Imaginären;

- geschichtsphilosophisch die Bestimmung der Zeit nach dem Ende der Geschichte (Jacques Derridas *histoire comme si*);
- ästhetisch die Austreibung des Scheins aus der modernen Kunst.

I. Verdrängung und Wiederkehr des Scheins

1. Der antike Kampf zwischen Schein und Sein

Philosophie nimmt ihren Anfang, wo sich Denken gegen die Bedrohung behauptet, die im Aufbrechen der Differenz von Sein und Schein erwächst. Damit übernimmt Denken das Pensum der Tragödie. 467 v.Chr. rühmt Aischylos in den *Sieben gegen Theben* des Sehers Amphiaraos Kraft des Willens, nicht nur gerecht zu scheinen, sondern zu sein. Das ist eines der ersten Zeugnisse für das Bewußtsein der Differenz von Schein und Sein als realen Mächten im Streit. In den fünfziger Jahren desselben Jahrhunderts wird *Aias*, Sophokles' Tragödie des Verblendungszusammenhangs (ate), aufgeführt; sie beschwört die Autorität des Odysseus, um das Leben als Schein (eidolon) und Schattenbild (skia) zu entzaubern. Die Tragödie ist deshalb die paradigmatische Form der griechischen Antike, weil sie diese „Not des Seins im Schein"[1] manifestiert. Die tragische Szene zeigt das Sein im Kampf mit dem Schein; und indem sie sich zum Schauplatz der ungeheuren Anstrengung macht, das Sein dem verblendenden Schein zu entreißen, nimmt sie diesen als geschichtliche Macht ernst. Deshalb gilt der *Oidipous tyrannos* als die Tragödie schlechthin, denn sie ist, nach dem genauen Wort Karl Reinhardts, die Tragödie des Scheins.

Ödipus führt aber nicht nur die spätere philosophische Schulweisheit vor Augen, daß man allein durch die Auslöschung des Scheins zum Realen vordringe. Umstellt und bedrängt von den Mächten des Scheins verkörpert er paradigmatisch die „Leidenschaft der Seinsenthüllung"[2]. Damit ist er zum Urbild des Tragischen und zum Vorbild aller späteren Genealogien des Scheins geworden. Das gilt für Freuds explizit an der Struktur des Ödipus orientierter Psychoanalyse ebenso wie für die an der Irrsal seines Schicksalsbruders Odysseus abgelesene *Dialektik der Aufklärung*. Die Tragödie des Verblendeten und das Epos des Verschlagenen bekunden gleichermaßen den tödlichen Kampf von Sein und Schein. Daß Horkheimer und Adorno in ihrem Versuch einer Ontologie des Verblendungszusammenhangs auf Odysseus statt auf Ödipus rekurrieren, dürfte darin seinen Grund haben, daß sie in der epischen Form ein erstes Reflexionsmedium für eine der an-

1 Heidegger, Einführung in die Metaphysik, S. 83.
2 A. a. O., S. 81

tiken Tragödie noch unvollziehbare *Genealogie des Scheins* gesehen haben: Epos als aufklärende Darstellung des Mythos.

Zwar bleibt das Woher des Scheins antik noch unerfragbar, doch seine Tragödie und sein Epos inszenieren das Schicksal des Menschen schon als Wiederkehr des Verdrängten. Der bedrängende Schein ist nicht nichtig und erzwingt die Einsicht, daß es ein Drittes gibt neben Sein und Nichts. Das ist der polemische Sinn des Titels *tertium datur*, den Klaus Heinrich einmal seiner religionsphilosophischen Einführung in die Logik gegeben hat: Es gibt eine dritte Macht, gemischt aus Sein und Nichts – den Schein. Von dieser Macht nichts wissen zu wollen, ist Signatur eines Denkens, das sich nur um den Preis einer Verwerfung konstituieren kann. Der Satz vom ausgeschlossenen Dritten verwirft die Wirklichkeit des Scheins.

Logisches Denken, das sich aufs *tertium non datur* und das *principium contradictionis* stützt, hat längst eine Selbstverständlichkeit erreicht, die Sätze aus dem Anfang der Philosophie fast unlesbar macht. Erst die Redintegration des verworfenen Dritten, die Anerkennung der Macht des Scheins eröffnet einen Zugang zu Formeln wie Heraklits Fragment B 123: *physis kryptestai philei.* Zahllos sind die Übersetzungsversuche: Sein liebt es sich zu verbergen. Das Aufgehen neigt in sich schon zum Untergehen. Das Aufgehen verträgt sich mit dem Sichverbergen, schenkt ihm seine Gunst, usf.. Aufgehen und Sichverbergen gönnen einander ihr Wesen, d.h. sie stehen in einem Wechselbezug. Was sich zeigt und aufgeht, kommt wesentlich hervor aus der Verborgenheit – keine *physis* ohne *krypta.* Und zwar liegt der Akzent bei Verborgenheit nicht auf ‚verstecken' sondern auf ‚bergen'. Dieser Charakter eines wesentlichen Hervorkommens aus bergender Verborgenheit qualifiziert *physis* als Gegenbegriff zu Schein. Die griechische Sprache fixiert diese Antithese in den Stämmen phy- und dok-.

*

Doxa ist für Parmenides nur noch die unzuverlässige, wahnhafte Meinung der Sterblichen, die sich in trügerischen Wortgefügen verfangen – *ouk eni pistis alethes.* Doch Parmenides anerkennt die Macht dieses Scheins, indem er die Milesische Kosmosformel auf ihn anwendet: *dia pantos panta peronta*[3]. Der Schein durchdringt alles ganz und gar. Dieser bedrohlichen Wirklichkeit des Scheins setzt Parmenides sein Entblendungsunternehmen entgegen, das den wahren Weg zum Wissen freilegen soll, indem es die Irrwege kenntlich macht. Zu glauben, daß, was nicht ist, ein Sein habe – also: daß es Nichtsein gibt, ist

[3] Parmenides, Peri physeos, Fr. 1, 30 ff.

ein Irrweg, denn Nichtseiendes kann man weder aufzeigen noch wahrnehmen. Nichtsein ist nicht. Die Erfahrung dieser Irre ist aber der erste Schritt zur Parmenideischen Wahrheit, denn daß es ein Nichts nicht gibt – *ouk esti me einai*[4] –, besagt positiv, daß *ist* das Seiende, das Seiend-Sein.

In der Bahnung dieses Wegs, den er gegen die Drohung des Scheins sichert, erschafft Parmenides das „Element der Wissenschaft"[5] – doch nur um den Preis eines neuen Scheins, der durch die Isolation von Sein und Nichts gegeneinander entsteht. Hegel hat das sehr klar gesehen: Die Produktion wissenschaftlicher Wahrheit in der Bahn des Parmenides stiftet zugleich Schein. Denn die Isolation des Seins vom Nichts negiert das Übergehen. Mit diesem ersten Gedanken der Philosophie, „dem beziehungs-, hiemit fortgangslosen Sein", ist sie auch schon am logischen Ende, denn jeder weitere Denkschritt muß durch ein Fremdes von außen induziert werden. Der Preis, den das Parmenideische Sein für seine Sicherheit bezahlt, ist Sterilität: „Es kann ebensowenig etwas aus demselben hervorbrechen, als etwas in dasselbe einbrechen kann"[6].

Parmenides sichert die Seinswissenschaft aber nicht nur gegen den Irrweg der Frage nach dem Nichts, sondern vor allem gegen den irrenden, schwankenden Verstand einer doppelköpfigen, der Unterscheidung unfähigen Menge, der Sein und Nichts einerlei ist. Gegen diese *akrita phyla* erhebt er die Forderung *krinai de logoi*[7]. Kritik, die Fähigkeit zur Unterscheidung, ist nur dem eigen, der sich nicht auf die Gewohnheit reicher Erfahrung verläßt – die Menge heißt ja blind, weil sie so viel sieht, und taub, weil ihr die Ohren von Weltmannigfaltigkeit wiederhallen. Kritikunfähigkeit, das Nichtunterscheiden von Sein und Nichts, verschuldet die Scheinwelt der Vielen. Und befangen in Schein sind die Menschen zunächst und zumeist. Parmenides trifft also nicht nur eine kategoriale, sondern eine existenziale Grundunterscheidung, wenn er seine Lehre auf dem Gegensatz von Schein und Sein aufbaut. Mit der logischen Abweisung eines Seins des Nichts ist die Drohung der Scheinwelt, die aus Sein und Nichts gemischt ist, kei-

---

4 A. a. O., Fr. 2, 3. – Die moderne Existenzialphilosophie wird dann aus dem entschiedenen Widerspruch gegen Parmenides begreifbar; eben das von diesem geleugnete Nichtseiende erforschen zu müssen, ist für Schelling „das Kreuz aller Philosophie". Daß, was eigentlich nicht ist, kein Wesen hat, dennoch eine „furchtbare Realität" gewinnen kann, ist Schellings Grunderfahrung: „Das *ouk on* der Griechen ist so wenig als die *me phainomena* des N. T. ein *Nichts*, es ist nur das nicht-*Subjektive*, Nicht-*Seyende*, aber eben darum das *Seyn selber*." – Schelling, S. W. Bd. VII, S. 436. – Das ist die Urzelle von Heideggers ontologischer Differenz.

5 Hegel, Werke Bd. 5, S. 90 f.

6 A. a. O., S. 98.

7 Parmenides, a. a. O., Fr. 6, 7 und Fr. 7, 5.

neswegs gebannt. Die Denunziation der *doxa* verschleiert nur das Problem der Selbstbehauptung im Spiel der Mächte Sein und Schein. Parmenides' Wissenschaft vom bestimmungs- und fortgangslosen Sein, die das Wähnen der doppelköpfigen Menge verspottet, will nichts wissen vom Menschen, der sein endliches Sein „im Schein und gegen den Schein aushalten"[8] muß.

So formiert sich die abendländische Rationalität in „der Parmenideischen Verwerfung" der Weltmannigfaltigkeit. Hegels präzise Definition des Parmenideischen Seins als beziehungs- und damit fortgangslos wird dann von Nietzsche durch eine großartige Charakterisierung der Gestimmtheit dieses Denkens ergänzt. Sehr prägnant spricht die *Philosophie im tragischen Zeitalter der Griechen* von einer Flucht aus der Fülle der Wirklichkeit, die als Gaukelspiel der Sinne empfunden wird, „in die starre Todesruhe des kältesten, Nichts sagenden Begriffs, des Seins." Das Wort Sein besagt für Nietzsche nichts, aber es bündelt Effekte – immer wieder ist von Eiseskälte, stechendem Licht und dem Schauder furchtbarer Abstraktionen die Rede. Duft-, farb- und seelenlos ist das Sein, und vor seiner unheilvollen Strahlung sinkt die Sinnenwelt zu bloßem Schein zusammen. Abendländische Rationalität ist ein Opferritual: „Die furchtbare Energie des Strebens nach *Gewißheit*", das diese „erste Kritik des Erkenntnisapparats" antreibt, fordert das Blut der „geopferten Empirie"[9].

So markiert der Name Parmenides den Augenblick der Geburt der Philosophie aus dem Geist der Weltvernichtung: Gegensätzliche Qualitäten, Bewegung, Veränderung – all das, also Weltmannigfaltigkeit, hat kein Sein und läßt sich nicht denken; nicht indifferent, sondern haßerfüllt verwirft es Parmenides als Schein. Er war, wie Hermann Fränkel zurecht bemerkt, „ein radikal, ja brutal, konsequenter Denker"; daß eine positive Stellung zur Erscheinungswelt die „Anerkennung von Nichtsein" impliziert hätte, „war sein stärkstes Argument um die Welt zu vernichten"[10]. Philosophie sichert das Sein gegen die bedrohliche Macht des Scheins durch Realitätsverleugnung.

In seiner Bestimmung des Verhältnisses von Sein und Schein zeigt das Parmenideische Denken Strukturhomologien zum strengen jüdischen Monotheismus. So zeigt schon die hebräische Sprache starke Affinitäten zum Assertorischen, wogegen sie das Problematische, also

---

[8] Heidegger, a. a. O., S. 84.

[9] Nietzsche, S. W. Bd. 1, S. 843 ff., 851. – Nietzsche hat sich deshalb immer wieder als Antipode des Parmenides stilisiert; gegen dessen zweite Fundamentalthese, dasselbe seien Denken und Sein, ist für Nietzsche Denkbarkeit gerade ein Index von Fiktionalität; vgl.Bd. 13, S. 332: „Denken hat gar keinen Griff auf Reales, sondern nur auf –" Scheinbarkeiten.

[10] Fränkel, Dichtung und Philosophie des frühen Griechentums, S. 419 Anm.

die Welt des Möglichen und Wahrscheinlichen, nur schwer ausdrükken kann. Das begünstigt die klaren monotheistischen Unterscheidungen: „Nur Gott ist Sein. [...] Die Welt ist Schein."[11] Es gibt demnach nur ein Sein, das des einzigen Gottes, vor dem alles andere Sein zu Nichts verblaßt. „Echte Realität im ontologischen Sinne wird einzig und allein dem einzigen Gott zuerkannt. [...] Real ist nur die Transzendenz, die Immanenz ist nur metaphorisch wirklich."[12] Wie später Heidegger das vorsokratische Denken, so definiert Cohen den jüdischen Monotheismus als Kampf des Seins gegen den Schein: Die Rede vom *einzigen* Gott hat einen scharfen polemischen Index gegen *diese* Welt und ihre Götter. In dieser Parmenideischen und jüdisch-monotheistischen Realitätsverleugnung wird der Schein aber doch noch in seiner geschichtlichen Mächtigkeit anerkannt; erst der platonisch-christliche Diskurs wird ihn dann zum *bloßen* Schein herabsetzen.

*

Martin Heidegger hat in seiner Bestimmung der Aufgabe phänomenologischer Forschung immer wieder die Grundbedeutung des griechischen Wortes *phainomenon* herausgearbeitet: das, was sich selbst zeigt. Nur auf dem Grund dieses Sichzeigens kann Seiendes sich auch als das zeigen, was es an ihm selbst nicht ist. So eng ist der Zusammenhang zwischen dem Offenbaren und dem Schein. Und diese Struktur erlaubt noch eine weitere Komplizierung: Das im Phänomen Offenbare kann auftreten gegen das, was sich bisher gezeigt hat, und es als Schein zeigen – das ist in Hegels Begriff der Erscheinung gedacht: verschwindendes Scheinen, in dem anderes zum Vorschein kommt. Der alte Titel *phainomenon* bezeichnet also ein Spiel zwischen dem Sichzeigen und dem Scheinen. Dagegen reserviert Heidegger in der Zeit von *Sein und Zeit* den Begriff der Erscheinung noch für die nur indirekt anzeigende, indizierende Darstellung mit dem Charakter der Verweisung. Das Phänomen steht demnach gerade nicht in einem Verweisungszusammenhang, sondern zeigt sich selbst. Und auf dieses Offenbaren geht – qua Modifikation – der Schein zurück: „Nur was offenbar zu sein prätendiert, kann Schein sein – ja, das ist der *Sinn von Schein: Prätention des Offenbaren, aber es gerade nicht sein.*" Nur wenn man streng unterscheidet zwischen Sich-selbst-zeigen und Verweisungszusammenhang, zwischen Phänomen und Erscheinung oder Symptom, kann man das positive Moment dieses Spiels von Sichzeigen und Scheinen herausarbeiten. Denn nur deshalb kann Schein sich

[11] Cohen, Religion der Vernunft, S. 48.
[12] Kartagener, „Zur Struktur der hebräischen Sprache", S. 39.

als Offenbares ausgeben, weil er an ihm selbst auf Sein hin sichtbar gemacht werden kann. Nicht daß der Schein auf ein Sein hinter ihm verweisen würde, sondern: Das, wovon der Schein Schein ist, „erstrahlt im Schein selbst"[13].

Es gibt für die Phänomenologie also nichts hinter den Phänomenen; sie fragt nur danach, ob und wie sie gegeben bzw. verdeckt sind. Demnach unterscheidet Heidegger nicht zwischen Wahrheit und Schein, sondern zwischen Phänomen und Verdecktheit. Die wichtigste Form der Verdecktheit ist die, in der das zuvor Entdeckte noch – aber nur als Schein – sichtbar ist; hier spricht Heidegger von Verstellung. Es geht wohlgemerkt um eine Manifestation der Macht des Seins qua Schein: Schein vollzieht sich im Seienden und mit Seiendem. Verstellung, die Machtergreifung des Scheins, ereignet sich immer dort, wo man Seiendes nicht das sein läßt, was es ist: Im trügerischen Schein verstellt Seiendes Seiendes; deshalb können wir uns täuschen. Denn inwiefern trügt der Schein? Der Schein verstellt Seiendes, indem er es als das erscheinen läßt, was es nicht ist; zugleich zeigt sich der Schein als Sein und verdeckt sich dabei selbst als Schein. Also trügt der Schein, sofern er sich im Verstellen von Seiendem selbst verstellt.

Verstelltheit ist aber selbst eine Weise der Erschlossenheit – eben das meint Heidegger, wenn er davon spricht, daß das Dasein verfalle, sich zumeist an seine Welt verliere und im ‚Man' aufgehe. „Das Seiende ist nicht völlig verborgen, sondern gerade entdeckt, aber zugleich verstellt; es zeigt sich – aber im Modus des Scheins." Sein und Schein, Entdecktheit und Verstellung haben sich immer schon verschränkt, und deshalb gelingt die Zueignung des schon Entdeckten nur in der Durcharbeitung seiner Verstellungen – also „im Ausgang von der Entdecktheit im Modus des Scheins." So ist Heideggers Programm einer existenzialhermeneutischen Destruktion zu verstehen: Die Erschließung des eigentlichen Seins ist denkbar nur „als Wegräumen der Verdeckungen und Verdunkelungen, als Zerbrechen der Verstellungen, mit denen sich das Dasein gegen es selbst abriegelt."[14]

Gerade die Arbeit der hermeneutischen Destruktion arbeitet also die Erschließungsleistung des Scheins eigens heraus. Schein ist für Heidegger eine hervorragende Weise der Entdecktheit von Welt. Das wird folgenreich in seiner Kritik der wissenschaftlichen Weltobjektivierung. Der theoretische Blick blendet die Welt auf bloße Vorhandenheit hin ab; die wissenschaftlichen Entdeckungen können deshalb niemals entdecken, was es mit der Welt für den Menschen auf sich hat. Gegenüber diesem weltimmunen reinen Anschauen gewinnt die Stim-

---

[13] Heidegger, Prolegomena zur Geschichte des Zeitbegriffs, S. 111 f., 189.

[14] Heidegger, Sein und Zeit, S. 129, 222.

mung des Menschen in ihrem „flackernden Sehen der ‚Welt'" einen unvergleichlich offenbarenden Charakter. Das nennt Heidegger „die existenziale Positivität der Täuschbarkeit"[15]; denn sie entdeckt, so sehr sie sich auch täuscht, das an der Welt, was nicht nur *factum brutum* ist.

Für Heidegger eröffnet sich der Spielraum des Menschen also gerade im Streit von Sein und Schein, Wahrheit und Verbergung, Existenz und Insistenz. Deshalb ist der Mensch ein Irrläufer; untrennbar ist seine Freiheit des Eksistierens von der Borniertheit des Insistierens. Insistenz soll hier besagen, daß sich der Mensch zumeist nach dem Maß der Beherrschbarkeit von Begegnendem im Gewohnten und Gängigen hält und darüber vergißt, was ihm die Eksistenz aus Freiheit eröffnet hat. Diesen Spielraum der „in-sistente[n] Ek-sistenz" nennt Heidegger „die Irre"[16]. Nur deshalb also irren Menschen, weil sie in einem Raum leben, den die Irre eröffnet; nur deshalb täuschen sie sich, weil der Schein, der ihnen die Welt entdeckt, trügt. In der Irre bewegt sich der Mensch als „in der verschränkten Dreiwelt von Sein, Unverborgenheit und Schein"[17].

*

Bekanntlich wollte Platon die Kunst aus der polis austreiben. Doch seine Feindschaft gegen den schönen Schein hat einen dialektischen Zug: Idee ist sein Name für den Schein, den er der Wirklichkeit vorzieht, indem er sie zum bloßen Schein abwertet. Platons Kunstfeindschaft wird so als Inkognito eines Artisten kenntlich. Sein als Idee ist ein leuchtend Sichzeigendes, „das Scheinsame"[18]. Den *chorismos*, also die unüberbrückbare Kluft, die das Scheinen der Idee von der Scheinwirklichkeit der Sinne trennt, spiegelt die Bedeutungsdifferenz der beiden Möglichkeiten einer lateinischen Übersetzung von ‚es scheint': *lucet* und *videtur*.

Der Schein des Sinnenwirklichen wird dort zur verführerischen Macht, wo er sophistisch verdoppelt wird. Platon charakterisiert die Sophisten als diskursive Zauberer. Sie verführen junge Leute, die Ge-

---

15 A. a. O., S. 138.

16 Heidegger, Wegmarken, S. 92.

17 Heidegger, Einführung in die Metaphysik, S. 83. – Derrida, Psyché, S. 381, hat diesen Gedanken der Irre noch weiter radikalisiert und die Schickung, die bei Heidegger das Sein gibt, dem Schicksal der Dissemination ausgesetzt: Suspendiert man die ontologische Differenz, so erweisen sich Geschick und Irre als aleatorische Bestimmungsirrung: „ La destinerrance des envois se lie à une structure dont l'aléa et l'incalculabilité sont irréductibles."

18 Heidegger, Wegmarken, S. 131.

sprochenes noch nicht durch Erfahrung und Praxis falsifizieren können, durch *eidola legomena* und *logois phantasmata*; durch Redephantasmen und Sprachbilder verzaubern sie, indem sie Seiendes nachahmen: *mimetes on ton onton*[19]. Der Sophist macht staunen, gaukelt mit Schein und Wunder. Diese bilderproduzierende Technik nennt Platon *thaumatopoiesis* – sie zielt nicht auf das Ikonische, sondern auf das Phantastische. Nun wirft das sophistische Sich-zeigen (phainestai) und Scheinen (dokein) ohne zu sein (einai de me) wieder die Parmenideische Frage nach dem Sein der Unwahrheit auf. Wer etwas sagt, was nichts vom Wahren hat (alethe de me), scheint Nichtseiendes als diskursives Faktum zu produzieren: *to me on einai*[20]. Der Sophist zaubert gesprochene Bilder ins Ohr. Genau hier versagt nun die Parmenideische Disjunktion von Sein und Nichtsein. Denn Bilder sind zwar nicht in Wahrheit seiend, aber irgendwie sind sie doch; sie sind nicht nichtseiend. Im Sein des Bildes verschränken sich Seiendes und Nichtseiendes : *symploken to me on to onti*[21].

Platonische Philosophie denkt die Idee des Seins, sophistische *thaumatopoiesis* produziert verführerische Redephantasmen – das ist die einfache polemische Antithese, vor deren Hintergrund das Leben der scheinbefangenen Menschen zu situieren ist. Ihrem Blick bleibt sowohl die Produktionsstätte der Sophisten als auch die Wahrheitsstätte der Philosophen verborgen, denn jene verstecken sich in der Dunkelheit des Nichtseienden und diese stehen im Licht der Idee, das die Menge blendet. Genau das aber ist das Szenario von Platons Höhlengleichnis. Um zu erklären, wie die trügerischen Schattenbilder an der Höhlenwand des Weltgefängnisses entstehen, gebraucht Platon den Vergleich mit Gauklern, die ihre Kunststücke vorführen; deren Technik aber ist die sophistische: *thaumatopoiesis*. Dieser Vergleich setzt voraus, daß alle Weltperzeption, die sich in der – sei's willentlichen, sei's erzwungenen – Abwendung vom Licht der Idee einstellt, phantasmatisch ist: Das den Sinnen Sichtbare – *opseos phainomenen*[22] – schließt sich zum Gefängnis.

Platon erzählt von Menschen, die, in einer Höhle gefesselt, wie in einem primitiven Kino immer nur Schattenbilder des Wirklichen sehen und den, der ihnen von der Sonne der Wahrheit berichtet, mit dem

---

19 Platon, Sophistes, 234cde.

20 A. a. O., 236e, 237a.

21 A. a. O., 240bc. – Schelling, S. W. Bd. VII, S. 334, hat diese Denkfigur dann zur Lösung der Frage nach dem Bösen umfunktioniert: Verführbar ist der Mensch durch die Imagination des Nichtseienden, das, „selbst nicht seyend, den Schein von dem wahren Seyn, wie die Schlange die Farben vom Licht, entlehnt"; Verführung durch den Schein ist der Weg, auf dem „der umgekehrte Gott [...] den Menschen zur Sinnlosigkeit zu bringen strebt".

22 Platon, Politeia VII, 517 b.

Tode bedrohen. Denn solange das Höhlenfeuer durch Schattenwurf bewegliche Bilder erzeugt, ist nicht zu erkennen, daß sie bloß Abbilder sind. Man kann eben in einer Höhle nicht klarmachen, was eine Höhle ist. Und wer immer nur in der Höhle war, kann von sich aus keine Unzufriedenheit mit den Schatten empfinden; er wird sich gegen jeden Versuch einer Entwertung seiner Scheinwelt wehren. Die Gefangenen der Höhle kennen zwar nicht das Licht der Idee, aber sie haben ein Wissen: Sie beschreiben die Verhältnisse der Schatten, die Reihenfolge ihres Erscheinens und sagen den jeweils nächsten Schattenauftritt voraus. *Nolens volens* verzichten sie auf das wahrhaft Seiende und begnügen sich mit der Exaktheit von Prognosen. Nichts anderes fesselt die Höhlenbewohner als die bewegten Schatten ihrer Scheinwelt: Kinematographie.

Wir können heute in Platons Sophisten die Ahnherrn der Simulation erkennen. Man muß nur annehmen, daß die Regisseure jener Schattenprozession keine Betrüger, sondern Funktionäre eines Publikums sind, dem sie die Wirklichkeit ästhetisch ersetzen sollen. Wenn es dabei zu einem *feedback* zwischen den Sophisten am Regiepult und den Zuschauern kommt, kann von Täuschung ohnehin nicht mehr die Rede sein. Dem entspricht ein neuer Wirklichkeitsbegriff, der nicht mehr durch Technik, Wissen und Kompetenz definiert wird; die Grenzlinie zwischen *episteme* und *doxa* verwischt sich wieder. Unsere Wirklichkeit ist wesentlich eine des Scheins: „l'extraordinaire *sophistication* des technologies [...] co-existe, co-opère essentiellement avec la sophistique“[23], d.h. mit der rhetorischen Simulation. Deshalb gibt es nur noch *doxa*.

2. Entbilderungsunternehmen

Das vielfältige Schicksal der Bilder hat sich als Vieldeutigkeit im Bildbegriff sedimentiert. Das wird deutlich, wenn man auf seine griechischen Ursprünge zurückgeht. „*Eidolon* ist auf griechisch ein Bild, das nur aus der Oberfläche besteht, ohne Tiefe.“[24] Doch obwohl dieser Bildbegriff auf Schatten-, Trug- und Götzenbild verweist, muß doch festgehalten werden, daß der Wortkern *eido* weit darüber hinausmeint

[23] Derrida, Psyché, S. 371; vgl. Blumenberg, Höhlenausgänge, S. 810 und Benjamin, G. S. Bd. VII, S. 809.

[24] Kerényi, Griechische Grundbegriffe, S. 37.

– als Aktivum besagt es: sehen, wahrnehmen; als Medium: sich zeigen, scheinen. Schließlich heißt *eidos* Urbild und Gestalt.

Eikon dagegen heißt das Ebenbild, das sich auf ein Paradigma, ein Modell bezieht. Es ist Bildsäule oder Gemälde im Sinne des Kultbildes. „Die christliche Ikon will historisch und nicht etwa symbolisch sein."[25] Dabei lassen sich alle entscheidenden Charakteristika des Kultbildes aus der Wortbedeutung von *eiko* gewinnen – es besagt: zurücktreten vor etwas und es gerade dadurch erscheinen lassen. In diesem Sinne heißt Bilder machen ursprünglich: die Unverborgenheit leisten. Das *eikon* wahrt eine wesentliche Ferne und Unnahbarkeit.

Schon der Übersetzungsschritt vom Griechischen ins Lateinische droht die Differenzen zu verschleifen. *Eikon* und *imago* sind so wenig dasselbe wie *phantasia* und *imaginatio*, die Begriffsvorläufer unserer Ein*bild*ungskraft. Wird in *imago* das *imitari* mitgehört, so läßt sich eine Reihe prägnanter Antithesen formulieren, in denen das Schicksal der Bilder eingebettet liegt. Dazu ist ein Textvergleich dienlich. Heidegger schreibt über Raffaels Sixtinische Madonna: „Um dieses Bild versammeln sich alle noch ungelösten Fragen nach der Kunst und dem Kunstwerk. Das Wort ‚Bild' soll hier nur sagen: Antlitz im Sinne von Entgegenblick als Ankunft. [...] Daß die Sixtina zum Tafelbild geworden und museal, darin verbirgt sich der eigentliche Geschichtsgang der abendländischen Kunst seit der Renaissance. [...] Das Bild irrt, verwandelt in seinem Wesen als Kunstwerk, in der Fremde. [...] Das museale Vorstellen ebnet alles ein in das gleichförmige der ‚Ausstellung'. In dieser gibt es nur Stellen, keine Orte."[26]

Heideggers kleiner Text von 1955 liest sich wie eine um zwanzig Jahre verspätete, verstockte Replik auf Walter Benjamins Kunstwerk-Aufsatz, der die gesellschaftlichen Bedingungen für den Verfall der Aura aufgedeckt hat: „Tagtäglich macht sich unabweisbarer das Bedürfnis geltend, des Gegenstands aus nächster Nähe im Bild, vielmehr im Abbild, in der Reproduktion habhaft zu werden. Und unverkennbar unterscheidet sich die Reproduktion, wie illustrierte Zeitung und Wochenschau sie in Bereitschaft halten, vom Bilde. Einmaligkeit und Dauer sind in diesem so eng verschränkt, wie Flüchtigkeit und Wiederholbarkeit in jenem."[27] Wenn also Heidegger gegen das museale Vorstellen die auratische Jähe des Scheinens beschwört, bezeugt er die fortschreitende Verdrängung der Ikone durch *imagines*; die emphatischen Bilder weichen den massenhaften Abbildern; das Bedürfnis nach palpabler Nähe zerstört die Erfahrung der Ferne des Erscheinens;

25 A. a. O., S. 38.
26 Heidegger, Denkerfahrungen, S. 69 f.
27 Benjamin, G. S. Bd. I., S. 440.

die Reproduzierbarkeit ist tödlich für die Einzigkeit eines Bildes, und seine prinzipielle Ausstellbarkeit macht seiner kultischen Verborgenheit ein Ende. Das Bild steht nun nicht mehr unnahbar am Ort der Kontemplation allein vor Gott, sondern rückt als vor den Massen massenweise reproduziertes auf den Leib und ist stets zur Stelle. Aus der Perspektive des Auratikers Heidegger verschwindet damit das Bild im Gestell (museale Vorstellung; ortlose Stelle in der Ausstellung); für den Medienästhetiker Benjamin hingegen emanzipiert sich das Bild von seiner Ritualfunktion und läßt sich nun politisch in Funktion setzen.

*

Daß Bilder politisch in Funktion gesetzt werden, ist als Machttechnik altvertraut. Schon Platon diskutiert im *Sophistes* diskursive Praktiken, die Bilder als Medium des Trugs verbreiten: Die sophistischen Phantasmen sind *eidola legomena* – Bilder, die das Ohr verführen. Deshalb versteht Philosophie ihren Aufklärungsauftrag als Entbilderungsunternehmen: Begriffszusammenhänge treten an die Stelle von Bildwelten, die *per se* Trugbildwelten sind. So vollzieht sich das philosophische Projekt einer Entzauberung und Entauratisierung der Welt im Kampf der Begriffe mit Mythen und Metaphern.

Genau diesen Übergang von den Bildwelten zu den Begriffszusammenhängen wird dann die Kritik der Aufklärung immer wieder problematisieren und nach dem Preis des Fortschritts vom Mythos zum Logos, von der Metapher zur Metaphysik fragen. Hans Blumenbergs Metaphorologie und Odo Marquards Neopolytheismus haben den Widerspruch gegen jenes Entbilderungsunternehmen der Aufklärung auf prägnante Unentrinnbarkeitsformeln gebracht: Philosophie sei metaphernpflichtig, der Mensch mythenpflichtig. Wenn Metaphysik nichts als beim Wort genommene Metaphorik war, so ruft „der Schwund der Metaphysik [...] die Metaphorik wieder an ihren Platz."[28]

Das ist eine schwache und deshalb zeitgemäße Variante der Mythenlehre Nietzsches, die den Sokratismus – also jenes philosophische Projekt der Entzauberung – als Austreibung des Mythos aus der Kultur kritisiert hat. Formelhaft gesagt: In seiner indirekten Polemik gegen die Kritische Theorie – Blumenbergs *Arbeit am Mythos* muß als

[28] Blumenberg, Paradigmen zu einer Metaphorologie, S. 142. – Analog bestimmt Adorno, G. S. Bd. 5, S. 47, seinen Versuch, die Logik durch philosophische Kritik, die den Schein erkenntnistheoretischer Begriffe zerfälle, zum Sprechen zu bringen: „Ist das Zeitalter der Interpretation der Welt vorüber und gilt es sie zu verändern, dann nimmt Philosophie Abschied, und im Abschied halten die Begriffe inne und werden zu Bildern."

Replik auf die *Dialektik der Aufklärung* verstanden werden – wiederholt der Neopolytheismus den Bilderstreit, den Nietzsche mit Sokrates ausgefochten hat. Nietzsche zeichnet ja Sokrates, der die *eidola legomena* durch Begriffe entbildert hat, als Stammvater der historisch-kritischen Bildung und gelehrten Abstraktion; das Unbehagen in der Kultur der Moderne und ihr fanatischer Historismus erscheinen in dieser Perspektive als Ausdruck des Mythosverlusts. Dem mythenlosen Menschen der Moderne fehlt die Kraft der Abbreviatur, der Horizontbegrenzung, die der Mythos leistete. Der Mythos ist die Matrix des Weltbildes – er stellt ein Bild von der Welt und umstellt die Welt mit Bildern. „Die Bilder des Mythus müssen die unbemerkt allgegenwärtigen dämonischen Wächter sein [...]: erst ein mit Mythen umstellter Horizont schliesst eine ganze Culturbewegung zur Einheit ab."[29]

Die an den Namen Sokrates geknüpfte Austreibung des Mythos liquidiert das Urdenken in Bildern; *terminus ad quem* dieses Entbilderungsprozesses ist das rechnende Denken. Das meint Nietzsches Klage über die Abstraktheit der Moderne. Sein Programm, die Welt erneut mit Bildern zu umstellen, konnte kritischen Bewußtseinen nur als neuheidnischer Götzendienst erscheinen. Aufklärung bestürmt den Mythenhorizont als Gefängniswand; unabhängig vom Inhalt erscheint ihr die Befangenheit in Bildern *per se* als tragische Verblendung. „Der Inbegriff der Bilder fügt sich zum Wall vor der Realität."[30] Deshalb zielt Aufklärung letzlich auf eine radikale Tilgung des Bildcharakters von Bewußtsein.

Mit hoher Absicht mündet Adornos Entwicklung von Begriff und Kategorien der *Negativen Dialektik* in Spekulationen über einen bilderlosen Materialismus. Adornos Negativismus ist der Extremwert jener aufklärerischen Elimination des Bildcharakters von Bewußtsein, des Angriffs auf den Bilderwall vor der Realität. „Solche Bilderlosigkeit konvergiert mit dem theologischen Bilderverbot."[31] Weil gerade die Tilgung der Bilder dem Denken das volle Objekt darbiete, versteht diese Dialektik ihre Negativität als Säkularisation der christlichen Hoffnung auf die Auferstehung des Fleisches; nur Bilderlosigkeit sichere das Denken gegen die Verlockung idealistischer Abschlagszahlungen. Diese Säkularisation sprengt nicht den theologischen Diskurs, sondern zwingt ihn zur Inversion. Adornos inverse Theologie wendet das Bilderverbot auf sich selbst an und spitzt es zum ‚nicht glauben' zu. Der Glaube selbst erscheint hier als Trugbild, das die göttliche Verheißung verstellt. Das ist der theologische Kern der *Negativen Dia-*

---

29 Nietzsche, S. W. Bd. 1, S. 145.

30 Adorno, G. S., Bd. 6, S. 205.

31 A. a. O., S. 207.

lektik: „Wer an Gott glaubt, kann deshalb an ihn nicht glauben. Die Möglichkeit, für welche der göttliche Name steht, wird festgehalten von dem, der nicht glaubt."[32] Damit rechnet Adornos Negativismus zu jenem emphatischen Atheismus, der in der Tradition des monotheistischen Bilderverbots steht.

*

Es entspricht diesem Schema negativer Dialektik und inverser Theologie genau, daß mit Freud ein ganz gottloser Jude das Geheimnis des Monotheismus entschlüsselt und damit zugleich das Ursprungsphänomen der Psychoanalyse freigelegt hat. Seine Gottlosigkeit emanzipiert ihn von der jüdischen Fixierung an die Figur des großen Vaters. Sein Judentum qualifiziert ihn zur Durcharbeitung der Religionsgeschichte. Freud hat inmitten der monotheistischen Überlieferung Spurensicherung früherer Religionen betrieben und dabei das Bilderverbot als Technik der Spurenverwischung kenntlich gemacht. Gerade die monotheistische Idee mußte ja in ihrem Ausschließlichkeitsanspruch auf eine Verwerfung der alten Götter drängen. Geschichtliches Urphänomen der monotheistischen Spurenverwischung ist die Tilgung der alten Gottesnamen aus den Inschriften und Denkmälern Ägyptens – ein ikonoklastischer Furor, in dem der König Amenhotep auch vor dem eigenen Namen nicht halt machte und sich Ikhnaton nannte.

Freuds Geschichte ist so genial wie einfach: Der Mann Moses, ein häretischer Ägypter, wurde zum *realen* Vater der Juden, die an seiner *Imago* die strengen Züge ihres Monotheismus ablasen; und nach dem Gesetz des nachträglichen Gehorsams wurde der *symbolische Vater* dann mächtiger als es der reale je war. Keine entschiedenere Abwendung von der altägyptischen Lust an der Verkörperung von Göttern ist denkbar als dieser Kult des einzigen und unnahbaren Gottes, den ein Tabu von Bild und Namen schützt. Freud hat die Verehrung eines Gottes ohne Namen und Angesicht als Ausdruck einer triumphalen Vergeistigung gedeutet, die den Preis eines gewaltigen Triebverzichts und einer radikalen Entwertung der sinnlichen Wahrnehmung forderte. So hat das Verbot der *Bilder*, das sich in einer vollständigen „Entmaterialisierung Gottes"[33] manifestiert, die Juden zum Volk der

---

[32] A. a. O., S. 394. – Damit treibt Adorno jenen rigorosen Monotheismus auf die Spitze, der das Bilderverbot noch auf den Namen Gottes ausweitet, weil er im Aussprechen des Gottesnamens eine Usurpation der Schöpfung durch das Aussprechen der Namen sieht. In diesem Geiste bekämpft schon Demokrit die Götternamen als klingende Götterbilder.

[33] Freud, Studienausgabe Bd. IX, S. 561.

Schrift gemacht. Ihre Religion ist ganz im Buch, ihr Gottesverhältnis ganz im Hören fundiert: Gottes Wort ist an die Stelle des Gottes-Bildes getreten.

Schon zwanzig Jahre vor Freuds Moses-Studien hat Max Weber seinen großen religionssoziologischen Aufsatz über das antike Judentum verfaßt. Seine Überlegungen zum Bilderverbot stehen in präziser Antithese zur Freudschen Spekulation. Denn Weber leitet die Bildlosigkeit des jüdischen Kults nicht aus dem Bilderverbot ab, sondern umgekehrt: Die Bildlosigkeit des altisraelischen Bundeskultes sei nicht Produkt sublimer Gottesspekulation, sondern Folge primitiver Kultmittel; d.h. die Männer des Moses hätten einfach deshalb keine Gottesbilder angebetet, weil sie keine hatten, und die ursprüngliche Bilderlosigkeit der rein historisch gegebenen Kultform eines unsichtbaren Gottes sei erst später zum Anlaß des spiritualisierenden Bilderverbots geworden. „In Israel wurde Jahwe zum einzigen Gott und haben die Vertreter des bildlosen Kults nicht nur, gleichzeitig mit Steigerung dieser Ansprüche Jahwes auf Monolatrie, die Verpönung der Bilder Jahwes, sondern die Verwerfung aller bilderartigen Paramente vertreten und diesen Standpunkt schließlich bis zu einem Grade gesteigert, welcher aller Ausübung bildender Kunst sich nahezu prinzipiell feindselig gegenüberstellte, wie dies das zweite Gebot in seiner endgültigen Formulierung tat.“[34]

In dieser Perspektive erscheint die Verwerfung aller Bilder als Resultat einer priesterlichen Umwertung der Bilderlosigkeit. Und zwar ist die grundstürzende Umwertung der antiken Werte schon darin zu sehen, daß für die Jahwe-Religion der große Frevel, die verwerfliche Tat nicht mehr in der Zerstörung von Götterbildern, sondern gerade in deren Herstellung und Verehrung besteht. Gott selbst übernimmt die Destruktion der Bilder – so droht er dem Volk von Juda, *Ezechiel 6,6 und 9*, daß er ihre „Höhlenheiligtümer“ zerstören werde: „daß eure Götzen zerbrochen und abgetan, eure Sonnensäulen umgehauen und eure Machwerke hinweggetilgt werden. [...] Und ich werde ihr buhlerisches Herz brechen, das von mir abgewichen ist, und ihre Augen, die buhlerisch nach ihren Götzen schauten“.

Für diese Götzendämmerung steht das Kultprovisorium der Lade Jahwes ein: ein wahrscheinlich leerer, transportabler Kasten, der den immateriellen Namen des Gottes umschließt – ständiges Zeichen der Übernahme eines ursprünglich fremden Gottes am Berge Sinai. „Die

[34] Weber, Gesammelte Aufsätze zur Religionssoziologie Bd. III, S. 168. – Vgl. hierzu v. Rad, Weisheit in Israel, S. 239: „Wir hätten also den interessanten Fall, daß eine ursprünglich religiös-sakrale Konzeption von dem Verhältnis Gottes zur Welt von der Vernunft akzeptiert wurde und schließlich ein rationales Weltbild von imponierender Klarheit aufbauen half.“

Lade selbst als Sitz des unsichtbaren Gottes oder als Theophaniestätte ist *bildlos*."[35] So ergibt sich eine prägnante Antithetik: Den bilderartigen Kultmitteln stellt der strenge jüdische Monotheismus die Lade Jahwes als leeren Gottesthron entgegen, die erst später zur Bundeslade umgedeutet wurde. Und in majestätischer Übermenschlichkeit setzt sich dieser einzige, unsichtbare Gott von der Mischgottheit Baal-Jahwe ab, die sich noch am Menschenwerk der Idole freut. Wie prekär diese Distanzierung und Spiritualisierung war, zeigt die Geschichte vom Goldenen Kalb, die noch einmal den Bilderreichtum der ägyptischen Götterwelt beschwört.

*

In seiner *Religion der Vernunft aus den Quellen des Judentums* hat Hermann Cohen in aller wünschenswerten Deutlichkeit den Preis benannt, den der rigorose jüdische Monotheismus zu zahlen bereit ist, wenn es darum geht, die Einzigkeit seines Gottes gegen jede Form von Bilderdienst abzuschirmen. Ja, mehr noch: Cohen erhebt das Bilderverbot zur Kampfparole. Er beschwört die große Entscheidungsschlacht zwischen Monotheismus und Polytheismus, Gottesdienst und Götzendienst – Motive wie das der Toleranz können da nur störend dazwischenkommen: „Der Monotheismus kann keine Toleranz anerkennen gegenüber dem Polytheismus. Der *Götzendienst* muß schlechterdings ausgerottet werden. [...] Da kann es kein Erbarmen geben und keine Rücksicht auf Menschen. Die Liebe zu Gott entwurzelt den Quietismus."[36] Ausdrücklich nimmt dieser Kampf gegen die polytheistische Bilderwelt auch Menschenopfer in Kauf. Und wer solchen Fanatismus dann Fanatismus nennt, gilt dem heiligen Eiferer als kaltes Herz, das noch nicht vom einzigen Gott erfüllt sei.

Der blutige Kampf des Gottes mit den Göttern läßt sich auf die philosophische Antithese von unsichtbarer Idee und wahrnehmbarem Bild bringen: „der unmittelbare Anteil der Vernunft an dem Begriffe des einzigen Gottes bewährt sich in diesem Gegensatze gegen das Bild."[37] Das Bilderverbot also ist die eigentliche jüdische Quelle, aus der sich Cohens Religion der Vernunft speist. Phantasie ist ja glaubensfeindlich, wenn es um die Manifestation eines Gottes geht, der von sich sagt, er werde dasein, als der er dasein werde – also in unbestimmter Gestalt. Das Bilderverbot soll die Aufmerksamkeit auf „das bildlose Dasein des Unsichtbaren, der sich zu sehen gibt"[38], richten.

35 Bernhardt, Gott und Bild, S. 155.
36 Cohen, Religion der Vernunft, S. 60.
37 A. a. O., S. 61.
38 Buber, Moses, S. 151.

Die strikte Korrelation von Vernunft und Bilderlosigkeit läßt Cohen denn auch den Übergang vom ersten zum zweiten Gebot als „Fortschritt im Dekalog" deuten; dies sind seine Stufen: 1) keine anderen Götter neben dem Einzigen, 2) kein Gottesbild, 3) keinerlei Abbild von Seiendem. Eine folgenreiche Engführung des Bilderverbots deutet sich dann *5. Mose 27,15* an: „Verflucht ist, wer ein geschnitztes oder gegossenes Bild macht, das dem Herrn ein Greuel ist, ein Werk von Künstlerhänden, und es heimlich aufstellt." Hier liegt die Lesart nahe, erst Kunst verwandle Seiendes zum „verführerischen Urbilde". So spitzt sich der Kampf der monotheistischen Einzigkeit gegen die polytheistischen Bilder zum „Angriff auf die Kunst"[39] zu.

Der anti-ästhetische Affekt datiert also auf das jüdische Bilderverbot zurück, in dem die Propheten eine magische Bildangst zur Konzeption eines absolut transzendenten Gottes spiritualisiert haben. Die asketische Abwendung vom Ästhetischen im rationalistischen Judentum ist also nicht nur Resultat des zweiten Gebots, sondern auch prophetischer Effekt und Ausdruck des reinen Lehrcharakters im synagogalen Gottesdienst. Einer Religion der Vernunft, die die Erwartungen der Menschen mit dem strikten Hinweis aufs Gesetz bescheidet, muß deshalb „alle unbefangene Hingabe an die künstlerische und poetische Verklärung einer Welt [...] als höchst eitel und von den Wegen und Zielen des Herrn abführend erscheinen"[40].

Seine für die Entwicklung der westlichen Welt entscheidende Ausprägung findet das Bilderverbot dann im präzisistischen Puritanismus. Nachdem Calvin die Freiheit von der Welt noch in der bloßen Indifferenz begierdelosen Gütergebrauchs sichergestellt sah, kennt der puritanische Radikalismus nur noch die Disjunktion von göttlichem Willen und kreatürlicher Eitelkeit. Mit dem polemischen Begriff ‚Kreaturvergötterung' bekämpft er in Schmuck und Ornament eine tiefste diabolische Versuchung.

Das Bilderverbot als „systematische Verdammung aller unbefangenen Hingabe an die eigentlichen Formungswerte der Kunst" fungierte stets als Agens intellektualistischer Lebensmethodik. Dabei liegt der negative Akzent auf den Formungswerten. Verdächtig ist den Religionen der Vernunft nicht der Inhalt von Kunstwerken, sondern ihre Form rein als solche, denn sie ruft ähnliche Effekte hervor wie das formfeindliche religiöse Erlebnis. Deshalb bekämpft der prophetische Mo-

39 Cohen, a. a. O., S. 63.

40 Weber, Wirtschaft und Gesellschaft, S. 373.

notheismus das Konkurrenzunternehmen Kunst als „Scheinerlösungsleistung“[41] bloßen Menschenwerks.

Th. W. Adornos ästhetische Theorie hat versucht, diesen kunstkritischen Impuls des Bilderverbots der ästhetischen Bilderwelt selbst zuzueignen. Doch wie können Bilder dem Bilderverbot entsprechen? Kunstwerke sind nicht Epiphanien, Erscheinungen des Absoluten; ästhetische Bilder beanspruchen nicht die kultische Kraft, die der theologische Symbolbegriff meint. Ähnlich sind sie nicht dem Absoluten und nicht der Welt, sondern sich selbst. Damit aber machen sie sich in der Tat weder ein Bild von dem, was im Himmel, noch von dem, was auf der Erde ist. Und damit gilt der zentrale Satz der *Ästhetischen Theorie*: „Die ästhetischen Bilder stehen unterm Bilderverbot.“ Durch dessen Filter gelangen nur „die nicht abbildlichen ästhetischen Bilder“[42], die weder zum Schein erlösen, noch das, was ist, verdoppeln. Im Klartext: Ästhetik im Zeichen des Bilderverbots akzeptiert nur Bilder, die nicht abbilden – die abstrakte Malerei der Moderne führt das jedem vor Augen. Diese Ästhetik der abbildlosen Bilder entspricht exakt jenem Theologumenon Adornos, wer an Gott glaube, könne an ihn nicht glauben. Sie deutet die moderne Kunst als ästhetische Bilderwelt eines universalen Karfreitags. So hat man die Dinge aber schon ein halbes Jahrhundert vor der *Ästhetischen Theorie* gesehen; Hugo Ball notiert einmal: „Wenn unsere abstrakten Bilder in einer Kirche hingen: man brauchte sie am Karfreitag nicht zu verhängen. Die Verlassenheit selber ist Bild geworden. Kein Gott, keine Menschen mehr sind zu sehen.“[43]

Das jüdische Bilderverbot hat einen antimagischen Grundzug. Magische Praktiken operieren ja häufig so, daß sie Bilder machen (oder beliebige Objekte zu Bildern ernennen), die sie dann stellvertretend für jemanden, dem sie schaden wollen, zerstören. Dem entspricht die primitive Bildangst, die im Bild eben das Mittel eines Schadenzaubers

---

41 A. a. O., S. 366 f. – In diesen Kontext gehört auch die *Verbrennung der Eitelkeiten* 1497 auf dem Platz der Signorie in Florenz. Savonarola hat sie als Purgatorium der Renaissance-Kultur konzipiert. Das haben ihm humanistische Bewunderer der Medici-Ästhetik nicht verziehen – paradigmatisch seine Dämonisierung in Goethes ‚*Leben des Benvenuto Cellini*‘, S. 321: „Diesem großen, schönen heiteren Leben setzt sich ein fratzenhaftes, phantastisches Ungeheuer, der Mönch Savonarola undankbar, störrisch, fürchterlich entgegen“.

42 Adorno, G. S. Bd. 7, S. 159, 416. – Ganz ähnlich hat auch schon Benjamin in seinem Kafka-Aufsatz argumentiert; vom Versuch Kafkas, Dichtung in Lehre zu transformieren und ihr, als Parabel, eine Form der „Unscheinbarkeit“ zu verleihen, heißt es: „Kein Dichter hat das ‚Du sollst Dir kein Bildnis machen‘ so genau befolgt.“ – Benjamin, G. S. Bd. II, S. 427 f.

43 Ball, Die Flucht aus der Zeit, S. 162.

fürchtet. Diesen Zusammenhang bestätigt, nach dem Gesetz der Gefühlsambivalenz, auch die umgekehrte Praxis: der Götzendienst. Er besteht in der Anbetung heiliger Bilder, die das Begehren eines Gottes wecken – *agalma* heißt ja das Bild, das Gottesfreude erregt. Gegen diese magischen Techniken richtet sich der monotheistische Kampf gegen die Bilder. Allerdings läßt sich das Bilderverbot selbst als psychische Verschiebung der Bilderscheu deuten: Die Angst vor dem Bildtod – der Anblick des einzigen Gottes wirkt ja nicht anders als das Medusenhaupt – rationalisiert sich in der These von der Unabbildbarkeit des Heiligen.

Der Bund, der die Juden mit ihrem Gott verknüpft, liegt jenseits der Bilder; damit halten sie aber die Bilder nicht nur von Gott fern. Vielmehr liegt es in der Logik des bilderlosen Bundes, daß der Mensch sich auch vom Menschen kein Bild mache, sich nicht mit dem Bild des Menschen identifiziere: „ce n'est pas Dieu qui n'est pas anthropomorphe, c'est l'homme qui est prié de ne pas l'être."[44] Es liegt im Horizont des bilderlosen Bundes mit dem monotheistischen Gott, daß der Mensch sich vom Bild des Menschen befreit; unabbildbar ist sein ‚allein vor Gott', ästhetisch undarstellbar seine moralische Einzigkeit. Vielleicht gibt es keine erhabenere Stelle in Kants kritischem Werk als den Vergleich des kategorischen Imperativs mit dem jüdischen Bilderverbot. Beide halten sich durch ihre „reine, seelenerhebende, bloß negative Darstellung" von Wahn, magischen „Bildern und kindischem Apparat" der Götzendiener frei[45].

*

Der Götze stellt erst dann eine Gefahr für den wahren Gottesdienst dar, wenn er dem Gott so ähnlich ist, daß er als dessen Doppelgänger auftreten kann. Nichts beunruhigt deshalb den Monotheismus mehr als die Simulakra des Göttlichen. Und in der Tat eröffnet sich die Welt der griechischen Götter in der Tiefe der Trugbilder, im Schwindel des täuschend Ähnlichen. Doch auch die Religionen, die den Götzendienst verwerfen, können nicht umhin, sich über Gott ins Bild zu setzen. Das weckt den Verdacht, Religionsgeschichte sei nichts als die Emergenz einer Ikonenmaschinerie. In dieser Perspektive besagt die notorische Modernitätsformel ‚Gott ist tot': Es gibt nichts hinter seinem Bild; Gott war stets nur sein eigenes Simulakrum. Wer diesen Befund noch als negative Theologie fixieren will, kann dann die abstrakten Bilder der Moderne als Ästhetik des toten Gottes deuten.

---

44 Lacan, Les quatre concepts, S. 103.

45 Kant, Kritik der Urteilskraft, B 125.

Zwischen den antiken Simulakra des Göttlichen und den abstrakten Bildern des toten Gottes muß das spezifisch christliche Bild lokalisiert werden: Bild des Christus, das einzige Bild, das eine nicht trügende Veranschaulichung der Gottes-Idee bietet: „das inkorrupte Bild“[46]. Christus als Bild Gottes, die Inkarnation, beendet das monotheistische Bilderverbot. Und zwar durchbricht Gott selbst das Bilderverbot, indem er sein Bild selbst schafft – eben in Christus, diesem höchsten seiner Schöpfungswerke. Im Zweiten Brief an die Korinther 4,4 prägt Paulus die Formel vom *eikon tou theou.* Als *imago Dei invisibilis* (Kol. 1,15) ist Christus Gott und Mensch zugleich und überbrückt damit die Kluft zwischen den beiden Naturen. Die Inkarnation vermittelt zwischen Mensch und Gott: die Menschwerdung Gottes vollzieht sich als seine Bildwerdung.

Doch mit dem Ende des auf Gott bezogenen Bilderverbots verdrängt das eine göttliche Bild alle anderen Bilder. Das göttliche Bild ist nicht Abbild, sondern Ort eines Scheinens im Sinne der Theophanie. Deshalb arbeitet auch der Versuch des Menschen, die Menschwerdung Gottes ins Bild zu setzen – wie paradigmatisch in Raphaels Sixtina –, an einem abbildlosen Bild. Das Bilderverbot ist also nun genau insoweit suspendiert, als Gott von sich ein Bild geschaffen hat und sich die Menschen über diese Bildwerdung Gottes ins Bild setzen. In der Bildhaftigkeit des christlichen Gottes liegt die Gnade, die – so die Bilderökonomie des Irenäus von Lyon – den Verlust der *similitudo*, also der Gottesebenbildlichkeit des Menschen, wiedergutmacht. Alles aber, was nun neben dem Gottesbild erscheint, kann eine Wiederkehr der vielen Götter sein. Gegen sie wendet sich das Bild des Erlösers nun wie ein Medusenhaupt: als schützendes Kultbild.

Die Verklärung des Körpers im Bild durch Nimbus, Aura und Heiligenschein hat immer schon den strenggläubigen Verdacht geweckt, die Ikonenverehrung Gottes bereite sein Verschwinden vor. Im Byzantinischen Bilderstreit des 8. und 9. Jahrhunderts ist diese Frage in aller Konsequenz und Brutalität behandelt worden. Man datiert das Jahrhundert des Bildersturms auf die Jahre 726 bis 843. Es gilt zunächst festzuhalten, daß sich der Byzantinische Bildersturm mehr gegen die Bilder-Politik als gegen die Bilder selbst richtet. Das Bilderverbot ist hier nicht primär kunstfeindlich, sondern politisch gerichtet – nämlich gegen die Macht der Mönche und die wundertätigen Ikone ihrer Klöster. „Mit den Bildern beherrschte die mönchische, in dumpfem Anstarren sich bewegende Frömmigkeit das Volk“[47]; die ikonoklastische Politik sollte also die Kirche dem Staat gefügig machen. So wurde –

46 Ball, Die Flucht aus der Zeit, S. 284.

47 Harnack, Lehrbuch der Dogmengeschichte II, S. 480.

besonders bei Kaiser Leo III., der als erster ein vom Volk als wundertätig verehrtes Christusbild abnehmen ließ – eine Aufklärungsmaßnahme gegen heidnische Rituale zur Vollzugsform von Machtpolitik.

Im Herbst 780 bringt die Machtübernahme durch die – wie Jacob Burckhardt betont: furchtbar kluge Kaiserin Irene einen „totalen Umschwung in der Bilderfrage“[48]. Ihre mäßigende, irenische Haltung im Bilderstreit bereitete der endgültigen Zulassung der Bilderverehrung den Weg. 843 wird sie von Kaiserin Theodora rigoros und mit energischen Strafen gegen Ikonoklasten durchgesetzt – diese Restitution der Bilder feiert das Jahresfest der Orthodoxia.

Unbeschadet jener machtpolitischen Motive vollzieht sich der Bilderstreit im christologischen Argumentationsrahmen: Die Ikonoklasten verweisen darauf, daß man auch Christus nur als Menschen darstellen kann und eben dadurch das Göttliche depotenziert, bzw. einen Menschen vergöttert. Das christologische Gegenargument betont die Menschwerdung Gottes, die dem Begehren, Gott im Bild des einen Menschensohns anzuschauen, das Blasphemische nimmt. Steht am Beginn des Bildersturms die Furcht, durch die Ikonenverehrung Gottes sein Verschwinden vorzubereiten, so stabilisiert sich die Ikonologie im Byzanz des 10. Jahrhunderts unter der Drohung des Kaisers Nikephoros, mit der Abschaffung des Bildes verschwinde nicht nur Christus sondern das ganze Universum.

Im Abendland wurde der Bilderdienst noch 794 in der Frankfurter Kirchenversammlung verworfen; doch man behielt die Bilder bei. Erst das Kulturprogramm Karls des Großen bringt dann um 800 eine stabile Liberalisierung – manifestiert in den *Libri Carolini*. Danach können Bilder keine religiösen Wahrheiten ausdrücken; die Existenz der Heiligen Schrift schließt die heiliger Bilder aus. Insofern sind die Bilder für die Religion eigentlich überflüssig; ihre einzige Bedeutung liegt darin: *rerum gestarum historias ad memoriam reducere* – die Bildunterschrift spielt hier eine bedeutende Rolle. Bilder sind also nicht Idole, sondern Kunstwerke und dürfen weder zerstört noch angebetet werden. So verwerfen die *Libri Carolini* beide Extrempositionen des Bilderstreits: Ikonoklasmus und Idolatrie.

Die *latreia* der Idolatrie meint Anbetung, die nur Gott zukommt; sie läßt sich klar von der *proskynesis* als der bloß grüßenden Verehrung der Bilder unterscheiden (– diese Differenz verschleift die lateinische Übersetzung *adoratio*). Eine vermittelnde Position im Bilderstreit wird demnach die Homonymie von göttlichem Urbild und menschlichem Abbild leugnen, aber die Verehrung des Bildes fordern, die im

[48] Haendler, Epochen karolingischer Theologie, S. 20; vgl. Hegel, Werke Bd. 12, S. 411, und Burckhardt, Kulturgeschichtliche Vorträge, S. 283.

Gruß auf das Urbild übergehe. Noch der Versuch des Trienter Konzils von 1563, den heiligen Gebrauch der Bilder zu regeln, zielte im Verbot der *imago insolita* auf eine Liquidation des Aberglaubens und der Verführung. Denn verführend wirken die Bilder nicht nur als Idole und Ikone des Gottes – Bildlichkeit selbst lenkt von Gott ab. So berichtet Bernhard von Clairvaux (um 1130) von den lesenden Mönchen in den Klöstern, die mit der *ridicula monstruositas* der Bilder auf den Marmorsteinen konfrontiert sind (deformis formositas ac formosa deformitas). Und die Bilder verführen dazu, den Blick von der Schrift zu wenden: Die Mönche lesen lieber im Mamor (singula mirando) als im Kodex (in lege dei meditando). Bilder verführen, weil sie vom Studium der Heiligen Schrift ablenken.

*

Für Luther waren die Bilder *adiaphora*, also weder gut noch böse; das *sola scriptura*-Prinzip war also nicht schon selbst ikonoklastisch. Durch den Sündenfall habe der Mensch seine Bildhaftigkeit qua Ebenbildlichkeit verloren – doch ein *imago*-Rest sei geblieben. In ikonoklastischer Perspektive erweist sich dieser *imago*-Rest als mythischer Rest der christlichen Symbolik überhaupt, die vergessen macht, daß die Gottesebenbildlichkeit des Menschen selbst nur ein Bild ist. Post Luther verschärft sich der Verdacht gegen die Bilder bis zur Ikonophobie: 1521 veranlaßt Karlstadts „Abtuhung der Bilder" die Verbrennung der Heiligenbilder in Wittenberg; 1524 läßt Calvin die Kirchen von Kunstwerken purgieren. Im reformatorischen Kampf der Schrift gegen das Bild behauptet sich das neue Medium Buchdruck zugleich als einzig legitime Form der Information und Wissensvermittlung. Und es erscheint Zwingli als die spezifische Form des katholischen Priestertrugs, den Ungebildeten Stab und Stecken der Bilder zu reichen, um *sie der gschrifft onwissend* zu lassen.

Es gibt für den strengen protestantischen Geist keine plastische Erscheinung des einzigen Gottes; daher wächst unendlich die Bedeutung der Musik für das, was man die Geburt der faustischen Seele genannt hat. Nirgendwo ist die asketisch religiöse Hörwelt J. S. Bachs prägnanter als Manifestation des streng puritanischen Geistes und Ursprung der ästhetischen Moderne erfaßt worden, als in Thomas Manns *Buddenbrooks*. Dort heißt es von den Orgelkompositionen, die zur Ehre Gottes erklangen, sie seien „unangreifbar, makellos, erfüllt von der unerbittlichen, imposanten, moralisch-logischen Würde des Strengen Satzes. Ihr Wesen war fremd aller irdischen Schönheit, [...] es triumphierte sieghaft in ihnen die zur asketischen Religion gewordene

Technik"[49]. Entkörpernde Nacht und bilderlose Instrumentalmusik sind die Medien, in denen sich die moderne Seele bildet. Dem Augensinn bleibt sie so verschlossen wie ihr Gott. Wenn in Grünewalds Heiligem, nach Benjamins Wort, der Ausdruckslose aus der Nacht bricht, so ist hier Bildlosigkeit selbst noch einmal Bild geworden. Protestantische Kunst entsagt dem Schein des Schönen – und das ist ihre Schönheit. Sie ist eigentlich nur der Musik erreichbar. „Apollon und Athene haben keine ‚Seele'."[50]

Der westliche Ikonoklasmus der Hussiten, Täufer und Puritaner ist im Kontext des konfessionellen Bürgerkriegs zu sehen, in dem Jesuitismus und Calvinismus die prägnanteste Antithese bilden. Man kämpfte um die Legitimität des Marienbildes (– die Figur der Madonna als Trägerin des Christusknaben war das Hauptziel des wiedertäuferischen Bildersturms –) und um die ikonographische Differenz zwischen göttlicher Einheit und Dreifaltigkeit. In diesem Bilderstreit stellt Pascals Lehre vom verborgenen Gott einen dialektischen Höhepunkt dar. Nach Pascal versteht der Mensch sich selbst nur von Gott her; die Unbegreiflichkeit der Erbsünde ist die Bedingung allen Begreifens. Die Figur des Menschen ist unlesbar, ins Imaginative entstellt. Dabei lassen sich drei Bildordnungen unterscheiden: Macht, Geist und Charitas; ihre Subjekte sind der Tyrann, das Genie und der Heilige. Immer wieder betont Pascal die bloße Bildhaftigkeit der gesellschaftlichen Repräsentationsordnung – bis zur Illusion. Der Sündenfall hat uns in die Ordnung der Bilder versetzt, doch Gott hat uns ein Bild des Verlorenen mitgegeben. Wir sind, wie Pascal am 1.4.1648 in einem Brief an Gilberte und Jacqueline schreibt, Sträflinge in einer Gefängniszelle, die erfüllt ist von Bildern ihres Erlösers. Die Dialektik von Bild und Wirklichkeit denkt Pascal als ständiges Springen zwischen den Ordnungen. Das spiegelverkehrte Bild nezessiert je den dialektischen Umschlag.

Pascal macht mit der Cartesischen Erkenntnisfiktion des *Dieu trompeur* ernst: Gebrochenheit wird zum Index der Wahrheitsnähe. Und paradox überbietet Pascal die Klarheit und Distinktheit Descartes' durch Obskurität und Wahnsinn. Das Paradoxon ist *figure* der verborgenen Wahrheit, indem es den logischen Widerspruch zum *index veri* erhöht. Besser, als das immer nur scheinbar Wahre zu denken, ist es, das Falsche zu denken – aber als Gleichnis. Diese Überlegung führt ins Zentrum der Pascalschen Paradoxie: Gott „macht sich anthropomorph. Je ‚falscher' die anthropomorphen Gottesvorstellungen sind, desto wahrer sind sie."[51]

---

49 Mann, Buddenbrooks, S. 437.
50 Spengler, Der Untergang des Abendlandes, S. 240 f.
51 Friedrich, „Pascals Paradox", S. 363.

So resultiert ein paradoxer Offenbarungsbegriff. Im vierten Brief an Mlle Roannez heißt es, Gott habe sich, als er erscheinen mußte, tiefer verborgen, indem er sich in die Menschheit hüllte. Christus erfüllt die Bilder, denn er ist die Erscheinung der Verborgenheit Gottes, der alles Erscheinende als sein Gleichnis erweist. Christus ist das „unmögliche Bild des Menschen“[52]: *bassesse* als Ausdruck der *grandeur*. Deshalb ist der Zugang des endlichen Denkens zur Wahrheit das Denken des Falschen – aber als Gleichnis. Unter der Verborgenheit der Sünde offenbart sich Gott als *deus absconditus*; die gedoppelte Verborgenheit wird als solche offenbar.

*

Alle Prozesse der Säkularisierung haben einen ikonoklastischen Grundzug; so ist die Französische Revolution mit den Bildern in der Kirche nicht anders verfahren als jener Kaiser Leo III. oder Karlstadt. Und die revolutionäre Göttin Vernunft kann als ein Versuch verstanden werden, die Differenz von Religion und Vernunft – nämlich die Bildpflichtigkeit – selbst noch einmal ins religiöse Bild zu setzen. Die weiteren Schritte der Aufklärung und Entzauberung ergeben sich von hier aus folgerecht: 1841 enthüllt Feuerbach *Das Wesen des Christentums*, indem er dessen Theologie als Pathologie dechiffriert; die Untersuchung prozediert als chemische Analyse der religiösen Bilderwelt. Denn :„Wer der Religion das Bild nimmt, der nimmt ihr die Sache, hat nur das *caput mortuum* in Händen. Das Bild ist *als Bild* Sache.“[53]

Hier zeichnet sich schon eine Möglichkeit der Psychoanalyse ab: In der Zerstörung der religiösen Illusion bewährt sich der Ikonoklasmus erstmals als heuristisches Prinzip der Wissenschaft. Freud zeichnet dann einen in narzißtischen Simulakren und Phantasmen befangenen Menschen, den es durch eine beharrliche Abarbeitung des Imaginären zu befreien gilt. Psychoanalyse ist methodischer Ikonoklasmus: ein Wegsprechen der Bilder. Wenn Freud die Bilder des Traums wie ein Rebus deutet, nimmt er sie nicht nach ihrem Bildwert, sondern nach ihrem Signifikantenwert: der Traum wird buchstabierbar. Wie bei den Hieroglyphen hat das Traumbild als Signifikant keinen Bezug zu seiner Signifikation. Die Deutung des Traums versteht diesen in dem Maße, als sie dessen Bilderwelt als buchstäbliche Struktur faßt. Heilung, den Zugang zu seiner Wahrheit, findet das Subjekt allein im Absprechen seiner Bilder – die therapeutische Arbeit am Trugbild macht es verschwinden, purgiert das Gesichtsfeld. Schon in den frühen *Stu-*

52 Balthasar, Herrlichkeit II, S. 577.
53 Feuerbach, Werke Bd. 5, S. 12.

dien über Hysterie hat Freud das in aller Klarheit ausgesprochen: „Ist einmal ein Bild aus der Erinnerung aufgetaucht, so kann man den Kranken sagen hören, daß es in dem Maße zerbröckle und undeutlich werde, wie er in seiner Schilderung desselben fortschreite. *Der Kranke trägt es gleichsam ab, indem er es in Worte umsetzt.*“[54]

Das Entbilderungsunternehmen Psychoanalyse prozediert also als entzaubernder Abbau von Illusionen. Aber schon Freuds Schlüsseltitel *Traumdeutung* hat nahegelegt, diese therapeutische Destruktion als hermeneutische Technik zu verstehen: Deutung als Sammlung von Sinn. So hat Paul Ricoeur den psychoanalytischen Bildersturm als Bedingung eines neuen Erscheinens von Sinn interpretiert: Man räumt die Trugbilder aus, um der Geschichte des Subjekts die Lebensimmanenz ihres Sinns zu ermöglichen. Hinter dieser Deutung steht aber die theologische Antithese von bösen Götzenbildern und heilsamen kerygmatischen Botschaften. Immer noch lockt der Tanz um das Goldene Kalb; „wir sind jene Menschen, die noch nicht damit zu Ende sind, die *Idole* zu töten, und gerade erst damit beginnen, die *Symbole* zu vernehmen. Vielleicht ist diese Situation in ihrer offensichtlichen Not belehrend: vielleicht gehört der extreme Ikonoklasmus zur Wiederherstellung des Sinns.“[55]

Die Psychoanalyse hat gezeigt, daß der Mensch auf der Suche nach seiner Identität notwendig verkennt, wer er ist. Mit seinem Eintritt in die Welt umschließt das Imaginäre das Reale und beginnt es zu formen. Stets konstituiert sich Subjektivität in einer imaginären Realität. Das besagt aber: Das menschliche Verhalten ist als solches ein getäuschtes; die Wahrheit des Subjekts liegt nicht auf dem Feld, auf dem es sie suchen kann. Selbsterkenntnis ist nur ein anderer Name für Selbstverkennung. „Mais, si la vérité du sujet, même quand il est en

---

[54] Freud, Studienausgabe, Ergänzungsband, S. 74. – Lacan, Écrits, S. 251, präzisiert dieses therapeutische Wegsprechen: „l'art de l'analyste doit être de suspendre les certitudes du sujet, jusqu'à ce que s'en consument les derniers mirages. Et c'est dans le discours que doit se scander leur résolution.“ Psychoanalyse versteht sich also als die Technik, die es erlaubt, den Menschen aus der Gefangenschaft im Bild von seinesgleichen zu sprengen; damit ersetzt sie das selbstmörderische Dynamit Übermensch: „ein Bild ist unser Nächster“, bemerkt ja schon Nietzsche, S. W. Bd. 10, S. 408. „Sind wir selber nicht auch nur Bild. [...] Immer rühren wir nur an das Bild, und nicht an uns selber.“ Der Übermensch war Nietzsches Bild, das die Befangenheit im Bild des Menschen auflösen sollte. Psychoanalyse löscht die Bilder.

[55] Ricoeur, Die Interpretation, S. 40. – Inwieweit Ikonoklasmus dem Sinn annähert, ist das Geheimnis der aufklärerischen Metaphorik, die um die nackte Wahrheit kreist; sie blendet die Möglichkeit aus, daß Nacktheit selbst Verschleierungsfunktion haben könnte. Nicht immer liegt Wahrheit im Mut, des Kaisers neue Kleider als Nullgarderobe zu decouvrieren; gerade das Pathos des Nackten kann Sichzeigendes endgültig verhüllen; vgl. hierzu Klossowski, Le bain de Diane, S. 101, über den Ikonoklasten Aktaion und seinen Kampf mit den Simulakren des Göttlichen.

position de maître, n'est pas en lui-même, mais, comme l'analyse le démontre, dans un objet, de nature voilé – le faire surgir, cet objet, c'est proprement l'élément de comique pur."[56]

Bevor die Wahrnehmung durch die symbolische Ordnung strukturiert wird, bleibt alle Objektbeziehung ungewiß; auf der imaginären Ebene sind Objekte nur als Trugbilder, in schwindenden Rapporten gegeben. Die psychoanalytische Situation implementiert diesen Zusammenhang von real, imaginär und symbolisch: Die analytische Skandierung des Diskurses suspendiert die Gewißheiten des Subjekts und löst dadurch seine Trugbilder auf – alles dreht sich um das, was Freud Wegsprechen der Bilder genannt hat: „l'assomption que le sujet fait de ses mirages"[57].

Das stolze Ich ist demnach nichts als der Inbegriff seiner eigenen Widerstände, und all seine Realität bleibt eingeschlossen in seine konstitutiven Verkennungen – nichts anderes meinen Freuds Begriff des Narzißmus und J. Lacans Konzeption des Spiegelstadiums. Hier steht der Mensch ganz im Bann des von koadaptativen Schemata geleiteten animalischen Verhaltens. Weltfestigkeit verdankt er also nicht der Suche nach Wahrheit, sondern der Verkennungsfunktion des Bewußtseins. „La seule fonction homogène de la conscience est dans la capture imaginaire du moi par son reflet spéculaire et dans la fonction de méconnaissance qui lui en reste attachée."[58] Was den Menschen vom Tier allein unterscheidet, ist das Freiheitsminimum, mit den Trugbildern spielen zu können.

Das ins Selbstbild des Subjekts eingehüllte Objekt ist so wenig real wie nichtig, sondern Schein von Sein; an ihn adressiert sich der begehrende und erkennende Mensch. Das Sein stützt sich auf seinen Schein. So bleibt alles, was Menschen an Realität erobern, im Phantasma verwurzelt. Ja, man kann sagen: Das Feld der Realität funktioniert überhaupt nur kraft der Abschirmung durchs Phantasma. Das Phantasma erscheint also als dissimulierender Bildschirm vor dem Trauma des Realen und macht uns realitätstüchtig. Deshalb betont Lacan immer wieder den Hiatus zwischen Realem und Realität. „Le peu que la réalité tient du réel"[59] kann nur durch traumatische Risse des phantasmatischen Bild-Schirms der Menschenwelt dringen. Realität ist die Grimasse des Realen.

---

[56] Lacan, Les quatre concepts, S. 10.
[57] Lacan, Écrits, S. 251.
[58] A. a. O., S. 832.
[59] Lacan, Télévision, S. 17.

3. Politisch-theologische Simulakra

Hinter Nietzsches berühmter Frage danach, wieviel Wahrheit ein Mensch ertrage, steht der Verdacht, eigentlich hasse der Mensch die Wahrheit. Mit anderen Worten: Wir lieben es, getäuscht zu werden. In diesem Horizont hat schon Pascal seine Logik des postparadiesischen Seins entfaltet: Das Leben sei nichts als eine *illusion perpétuelle*, befangen in einer *mutuelle tromperie*. Daß das menschliche Verhalten als solches ein trugbefangenes, getäuschtes sei, ist Gemeingut der moralistischen Tradition bis hin zu Nietzsche. Schlüsselfunktion in dieser Psychologie der scheinbildenden Mächte hat dabei die Eigenliebe: Was uns betrügt, ist die Lust des Ich. Immer wieder betont Pascal die strenge Korrelation von *amour-propre*, dem *Moi humain* und jener bis zum Todhaß sich steigernden *aversion pour la vérité*[60]. 250 Jahre später wird dann die Psychoanalyse in Freuds Narzißmustheorie und Lacans Verkennungstheorem (Spiegelstadium) diese Weisheit wissenschaftsfähig machen.

Nach außen gewendet wird die scheinbildende Macht des Narzißmus gesellschaftlich formstiftend: Wir begnügen uns nicht mit unserer Existenz und wollen mehr und anders scheinen als sein. Pascal unterscheidet hier sehr prägnant *notre propre être*, das von einer *grande marque du néant* gezeichnet sei, von *notre autre être*, gleichsam unserem öffentlichen Bild – einem imaginären Sein, an dem wir unaufhörlich arbeiten. Die Arbeit am Schein eklipsiert das nichtige Selbstsein: „nous voulons vivre dans l'idée des autres d'une vie imaginaire, et nous nous efforçons pour cela de paraître."[61]

Diese Überlegungen stehen bei Pascal im genauen Kontext seiner Zeit. Er versucht nachzuweisen, daß deren Idealtyp, der *honnête homme*, auf der Flucht vor sich selbst ist; und dem *libertin* will er zeigen, daß es unmöglich ist, durch Lust glücklich zu werden. Das motiviert Pascals Kritik der Zerstreuung und der divertierenden Imagination. Dabei liegt aber die Pointe darin, daß er gerade auch den schein-

---

[60] Pascal, Pensées, Nr. 100.

[61] A. a. O., Nr. 147. – Kant hat dieses Motiv in der *Kritik der reinen Vernunft,* B 775 f., aufgegriffen und dialektisch in eine Theorie der zivilisierenden Kraft des Scheins gewendet. Die Unlauterkeit des Menschen, der seine wahre Gesinnung verhehlt und stattdessen eine, die man allgemein für rühmlich hält, zur Schau trägt, emanzipiert ihn aus seiner ursprünglichen Rohigkeit. „Ganz gewiß haben die Menschen durch diesen Hang, [...] einen ihnen vorteilhaften Schein anzunehmen, sich nicht bloß *zivilisiert*, sondern nach und nach, in gewisser Maße, *moralisiert*, weil keiner durch die Schminke der Anständigkeit, Ehrbarkeit und Sittsamkeit durchdringen konnte, also an vermeintlich echten Beispielen des Guten, die er um sich sahe, eine Schule der Besserung für sich fand."

baren Gegensatz des zerstreuenden Spiels, den Ernst der Arbeit, als *divertissement* bestimmt: Arbeit und Spiel sind die Abhänge der Langeweile; was sie verknüpft, sind *taedium vitae* und Wiederholung.

Wenn nun Zerstreuung den Menschen kennzeichnet, heißt das, daß er von seinem Zentrum wegstrebt, sich ins Mannigfaltige verliert. Dem entspricht das barocke Schauspiel einer verworrenen, zerstreuten Dingwelt, in der sich der Verlust der Ersten Natur abdrückt. Von Augustinus' *cor inquietum* aus gesehen, erweist sich hier das *divertissement* als Flucht vor dem Beisichsein: *se divertir* ist die genaue Antithese des *redire ad cor*. Und gerade die Wissenschaft gilt Pascal – wie später dann auch Nietzsche – als raffinierteste Form dieser Selbstflucht: Wissenschaft als Mittel der Selbstbetäubung, kennt ihr das?

Aus diesem wahrheitsunfähigen Leben, das nur ein Traum ist, erwachen wir erst im Tode. Pascal versucht, eine Methode des Erwachens auf der Basis seiner Lehre von der Langeweile zu entwickeln. Hierin liegt die Bedeutung des Kalküls der Wette: Ihr Schock tritt an die Stelle des Erwachens, vor dem sich die Zerstreutheit ängstigt. Bekanntlich geht es bei der Wette um die Frage, ob Gott ist, oder nicht – wie die Frage nach Wappen oder Zahl beim Wurf einer Münze. Bei dieser Wette kann die Vernunft nicht helfen, aber auch nicht verlieren. Der Würfelwurf um die Existenz Gottes produziert artifiziell Weltangst, um dann mit der Gotteschance gegen die Angst zu panzern. Gott ist eine Chance im *Hasard*-Spiel.

Dies Kalkül ist aktueller, als es in seiner theologischen Urfassung erscheinen mag. Daß das Risiko des Schiefgehens das eigentliche Lebenselement der modernen Philosophie sei, hat Adorno ausdrücklich auf Pascals Wette als *terminus a quo* bezogen. Und in einer neueren Theorie des erkenntnisleitenden Vertrauens heißt es in strikter Säkularisierung der Pascalschen Gotteschance: „Tod, Gattungsgeschichte und subjektiver Protest waren nur die Zeichen für ein natürliches Maßverhältnis zwischen Erdball und menschlichen Besitzern. Sie waren praktische Kritiker jeder ruinösen Herrschaft, haben aber nur darin Stellvertretung geübt für innewohnende organisierende Kräfte, aus denen wir nach dem Prinzip Pascalscher Wahrscheinlichkeit unser Vertrauen ziehen, wenn wir uns überhaupt mit Erkenntnis befassen. [...] Pascal sagt, wenn 1 % dafür spricht, daß es Gott gibt, 99 % beweisen, daß es ihn nicht gibt, ich aber lebe von Gott, dann ist 1 % das Wahrscheinliche."[62] Die Wette setzt also eine zugleich absolute und absolut unsichere Sicherheit.

Und nur hier gewinnt auch das notorische *abêtir* Pascals seinen guten Sinn. Man könnte von einer Dialektik des Verdummens spre-

[62] Negt/Kluge, Geschichte und Eigensinn, S. 1204.

chen: Erst die christliche Unterwerfung der Vernunft macht ihren wahren Gebrauch möglich. „Soumission et usage de la raison, en quoi consiste le vrai christianisme. [...] Il n'y a rien de si conforme à la raison que ce désaveu de la raison."[63] Pascals *abêtir* steht also stellvertretend für ein Transzendieren der Vernunft aus Vernunft – ohne der Anmaßung zu verfallen, ein Engel zu sein. Es soll vor den Phantasmen des Lebenstraums und den satanischen Verblendungen der Geschichte schützen.

Am barocken Menschen der Sünde als verwirrtem Fragment der Schöpfung hat Pascal eine ganze Psychologie der scheinbildenden Mächte abgelesen: Imagination, Gewohnheit, *divertissement*, *amour-propre*. Nach außen gewendet sind sie als Begehren, Machtwille und Ignoranz die großen Faktoren des Menschlichen. Nur die gesellschaftliche Ordnung des Scheins, die sozial wohltätigen Trugbilder der Imagination verschleiern den Abgrund des Hasses. Wohlgemerkt: „ce vilain fond de l'homme"[64] kann von den menschlichen Ordnungen nicht überwunden, sondern immer nur verdeckt werden. Aber nur der Verschleierung dessen, was Nietzsche dann den schrecklichen Urtext *homo natura* nennen wird, verdanken wir das Überleben; die gesellschaftlichen Ordnungen und Institutionen sind zwar Scheingebilde, doch diese falschen Bilder schützen uns vor der tödlichen Wahrheit des Menschen. Löst man diesen Befund aus der Pascalschen Erbsündenlogik des gefallenen Seins heraus, so läßt sich von einer „existenziale[n] Positivität der Täuschbarkeit" sprechen: Im scheinbefangenen „flackernden Sehen der ‚Welt'"[65] täuschen wir uns nicht nur selbsterhaltend – existentiell – über die Hölle der anderen; auch zeigt sich – existenzial – die alltägliche Welt in ihrer spezifischen Weltlichkeit.

Es kann demnach nicht darum gehen, den gesellschaftlich notwendigen Schein zu zerschlagen, sondern allein darum, eine dialektische Haltung zum Schein zu gewinnen – Pascal spricht hier von einer *raison des effets*. Sie heißt zweierlei zugleich zu denken: Alle Welt ist in trügerischem Schein befangen – und doch sind die Meinungen der Leute gesund; sie haben die Wahrheit, aber sie ist nicht dort, wo sie sich die Wahrheit denken. Man könnte auch sagen: Sie handeln wahr, aber denken falsch über ihr Handeln. Wenn sie etwa soziale Hierar-

---

[63] Pascal, Pensées, Nr. 269, 272.

[64] A. a. O., Nr. 453.

[65] Heidegger, Sein und Zeit, S. 138. – Vgl. Blumenberg, „Das Recht des Scheins in den menschlichen Ordnungen bei Pascal", S. 419: „Die ‚fausse image' hat *ihr* Recht und *ihre* Wahrheit aus der Realität des gefallenen Menschen." Das ist auch die anthropologische Matrix der Institutionenlehre Arnold Gehlens: Der Mensch bildet Institutionen – gleichsam versteinerten Schein –, um sich vor sich selbst zu schützen.

chien anerkennen, so glauben sie fälschlicherweise an einen echten Vorzug edlen Geblüts, aber sie handeln doch richtig, denn man soll die gegebene Ordnung ehren, weil sie eine Anordnung Gottes ist, die dieser zur Strafe der sündigen Menschen gegeben hat. Deshalb gehorcht der Christ der *folie* der Welt, nicht weil er den Wahnsinn selbst, sondern in ihm die Strafe Gottes für den Frevel des *renoncement* anerkennt.

So wird die Erbsünde zur Chiffre für den Machtstaat. Die Macht des Staates ist böse als Gewaltordnung und doch zugleich rein als Strafe Gottes. Pascal hat tiefe Einsicht in den Ursprung der Rechtsordnung aus der Gewalt der Usurpation. Wer aber das Recht auf diesen seinen Grund zurückführt, hebt es auf. Pascals Forderung lautet deshalb: *cacher le commencement.* Gewohnheit macht das Recht, und es gilt allein, weil es überliefert ist. Deshalb wäre nichts irriger als der Versuch, durch Gesetze die Fehler des Rechts zu korrigieren. Eben Gesetz zu sein und nichts außerdem, ist „l'essence de la loi; elle est toute ramassée en soi". Jeder Wahrheitsanspruch des Rechts ist Schein, und der Schein gilt viel im Recht. So spricht Pascal in aller Deutlichkeit das Geheimnis von Staat und Jurisdiktion aus: „autorité sans vérité"[66].

Barocke Souveränität ist die Negation der Katastrophe. Diese Antithetik von Ausnahmezustand und Restauration ist für die Gegenreformation stilbildend geworden. Nach dem konfessionellen Bürgerkrieg, der von nun an als das größte Übel gilt, das hinter jeder politischen Veränderung lauern soll, entsteht eine Sehnsucht nach Ordnung überhaupt. Der Friede soll durch reale Übermacht erhalten werden. Pascal verankert diese Notstandsordnung in der Erbsünde: Weil die Ursprungsordnung verloren, das *verum ius* durchs *renoncement* verspielt ist, muß das *dérèglement* der Menschen durch Rechtsregeln kompensiert werden. Im Zentrum dieser Logik des erbsündigen Seins steht die Funktion der Imagination.

Wahnhafte Einbildung, diese „maîtresse d'erreur et de fausseté", gilt Pascal als „maîtresse du monde" schlechtweg: Imagination ist die „faculté trompeuse" des Menschen, die sein Leben tief in die Sphäre des notwendigen Irrtums taucht; das Subjekt ist deshalb ganz von Irrtum erfüllt, und nichts zeigt ihm die Wahrheit. Die Kräfte des Scheins bilden im Menschen eine „seconde nature". Die erkenntnistheoretische Fiktion des *Dieu trompeur* bei Descartes, den Pascal verachtete, hat sich hier zur existenzialen Grundbestimmung geschärft; der Inbegriff trügerischen Scheins wird zur zweiten Natur des Menschen.

---

66 Pascal, Pensées, Nr. 325, 294.

Pascals Rechtfertigung des Scheins entfaltet also den Doppelcharakter seiner Notwendigkeit: Notwendig ist der Schein einmal, sofern die Gefangenschaft des Menschen in seiner zweiten Natur unentrinnbar ist; zum zweiten, weil nur der „appareil auguste“[67], in den sich die gesellschaftliche Macht kleidet, Weltordnung überhaupt möglich macht. Eine bloß äußerliche Macht wie der Staat, der irdische Gott, stützt sich nur durch Simulakra der Göttlichkeit; denn nichts anderes hält eine Gesellschaft zusammen als die „cordes d'imagination“[68]. Politik ist die Kunst der Simulakra und Arkana, die eine spezifisch neuzeitliche Magie des Staates produziert hat. Es gibt keine staatliche Souveränität ohne Kunstgriffe und dekorative Veranstaltungen. In dieser Rechtsordnung der sichernden Haltungen kommt niemand zu seinem Recht, denn die Entmächtigung der Gerechtigkeit durch die Sünde fordert als Ersatz die Rechtfertigung der faktischen Macht. Auf der Suche nach der verlorenen Gerechtigkeit stößt der Mensch auf die Faktizität der Macht und heißt sie Rechtens: „ne pouvant fortifier la justice, on a justifié la force“[69] – denn damit hat man immerhin einen Pakt zwischen Recht und Macht geschlossen, der den Frieden garantiert. Gegen die Drohung des Chaos die Machtverhältnisse zu rechtfertigen, besagt im Kern: Die gesuchte Ordnung ist nichts als erstarrter Zufall. Daß man sich ihr zu unterwerfen habe, begründet Pascal extrem augustinisch: Es gilt, die notwendige Bosheit der Welt als Strafe Gottes zu sehen – dann erweist sich das Unrecht der Welt gerade als Gerechtigkeit Gottes.

Jetzt läßt sich die von Pascal geforderte dialektische Stellung zum Schein genauer bestimmen: Sich dem Schein unterwerfen heißt die Erkenntnis der Wahrheit in einer *raison des effets* aufheben; nun ist ein Doppelleben von Konventionalismus und entsicherter Innerlichkeit möglich. Es geht also darum, den Schein zu rechtfertigen, ohne ihm zu verfallen. Diese Weisheit hat einer der letzten Kenner der Arkana und Simulakra des Politischen in einem prägnanten Dialog resümiert:

– *Haven't you realized that only appearances matter?*
– *It's not true! You can't be so tied to the surface of things.*

---

[67] A. a. O., Nr. 82 f.

[68] A. a. O., Nr. 304. – Das Pascal-Formular „Obéissance – de fantaisie“, das die machtvolle Wirklichkeit des Scheins und die Vergeblichkeit der Aufklärung notifiziert, hat Hans Blumenberg mit viel Sympathie interpretiert; in seinen „Paradigmen zu einer Metapherologie“, S. 51, spricht er „von der gnädigen Bilderwand der sozialen Figurinen, in die wir uns eingeordnet finden.“ Vgl. hierzu den politischen Klartext von Jean Baudrillard, „La précession des simulacres“, S. 7: „Derrière le baroque des images se cache l'éminence grise de la politique.“

[69] A. a. O., Nr. 299.

– *What else is there when the underneath is rotten? Break the surface and we sink. [...] I'm a great believer in hypocrisy. It's the nearest we ever get to virtue. [...] I serve the appearance of things.*[70]

Es gibt für Pascal im Grunde nur drei Stellungen des Gedankens zur Objektivität: 1.) Die natürliche Ignoranz des Volkes, das die Dinge richtig beurteilt; 2.) die „ignorance savante" jener Weisen, die am Ende ihrer Phänomenologie des weltlichen Geistes entdecken, daß sie nichts wissen, und sich damit wieder mit jener „ignorance naturelle" treffen; 3.) die „science suffisante"[71] der Aufklärer, die sich über das paradox richtige Urteil des Volkes erhaben dünken und doch nur dem Schein von Wissen verfallen sind. Während also in der *science suffisante* Aufklärung und Kritik selbst einen Verblendungszusammenhang stiften, ist die *ignorance savante* in ihrem Lob der politischen Phantasmata und Simulakra oberflächlich aus Tiefe. So kommt es bei Pascal zu einem Bündnis von Volk und Weisen gegen die Ideologiekritiker. Dialektisch höher noch als die Transparenz der Desillusion steht die zweite Illusion des wahrhaft Wissenden, die Bejahung der ordnenden Mächte des Scheins. Weisheit zielt also nicht auf eine Aufhebung der gesellschaftlichen Repräsentationen und ihres Scheins, sondern auf Transparenz des Lebens, die Aufdeckung seines Widersinns im Zeitalter der vollendeten Sündhaftigkeit. Diese Einsicht mutet Pascal nun gerade dem Souverän zu; seine asketische Ästhetik der Herrschaft ist um den Schmerz der Transparenz zentriert. Der Fürst soll, wie der Weise, den schönen Schein der Macht rechtfertigen, ohne ihm zu verfallen; er soll wissen, daß hinter der erhabenen Bilderwand nichts steht, und dennoch den Schein aufrechterhalten.

*

Die politisch-theologische Bilderwelt des Thomas Hobbes entspringt der Verzweiflung am konfessionellen Bürgerkrieg. Dessen Grausamkeit begreift er als genauen Ausdruck dessen, daß die kämpfenden Parteien im Namen des Rechts das Recht der je anderen aufzuheben trachten. Und der Glaube, der sich selbst entzweite und damit den Frieden zerstörte, erweist sich nun als unfähig, den Ausnahmezustand auszuschalten. Denn gerade der antagonistische religiöse Wahrheitsanspruch hat ja den Krieg aller gegen alle entfesselt.

Die *Americani* der Neuen Welt und der Bürgerkrieg haben Hobbes den Wolfs-Menschen im Naturzustand, der – wohlgemerkt – abnorm ist, *ad oculos* demonstriert. Normalität schafft erst der Staat als *impe-*

---

70 Le Carré, A Small Town in Germany, S. 299.

71 Pascal, Pensées, Nr. 327.

rium rationis. Es gilt, aus der Angst des Naturzustandes in die Sicherheit des Staatszustandes zu gelangen, in dessen Zentrum die Polizei am Werk ist. *Homo homini deus*, statt *lupus*. „Indem der Wolf-Mensch sich dem Leviathan unterwirft, geschieht erst die Menschwerdung des Menschen. Vernunft ist die Summe dieser Transfiguration.“[72] Für Hobbes bilden Staat und Bürgerkrieg also eine bündige Disjunktion. Die Grenzen des Staates bilden die Grenzen der Sicherheit und Rationalität; sie überschreiten heißt in den Naturzustand zurückfallen. Dessen Chaos muß Politik immer wieder abgerungen, d.h. die Revolution andauernd niedergehalten werden. Staat heißt die institutionelle Verhinderung des Bürgerkriegs.

In Hobbes' Urgeschichte des Staates produzieren die Wolf-Menschen durch virtuellen Vertrag eine einheitliche repräsentative Person. Diese Gottesbeschwörung aus der Angst und Feindschaft atomisierter einzelner ist ein Vertragsmythos, nach dem um der nackten Selbsterhaltung willen Ordnung überhaupt geschaffen werden muß. Der einzelne ist für Thomas Hobbes ein „Energiezentrum und der Staat die im Wirbel solcher Atome entstehende, die Einzelheit verschlingende Einheit, der Leviathan.“[73]

Dieser Name hat mythische Kraft und paradigmatische Bedeutung für eine politische Mythologie. Als säkulares Kampfbild hat der Leviathan die geschichtliche Kraft politischer Symbole nachdrücklich bewiesen. Daß das Gesamtwerk von Thomas Hobbes vom Bild des Leviathan überschattet ist, zeigt, wie sich politische Symbole wirkungsgeschichtlich verselbständigen können, um sich zuletzt gegen die Intention des Autors selbst zu richten: Das Titelkupfer war mächtiger als die luzide Argumentation des Staatslehrers. Der mythische Name des Leviathan läßt sich nicht ungestraft zitieren.

So kommentiert Luther Hiob XLI: „Leviathan nennt er die grossen Walfisch im meer / Doch darunter beschreibt er der welt Fürsten / den Teufel mit seinem Anhang.“ Und zu Hiob XXVI heißt es: „Die grossen Walfisch / welche bedeuten die grossen Tyrannen auff Erden.“ Also eröffnet Hobbes' politisch-theologische Bilderwelt zunächst einen Elementarraum von Gefahr und Feindschaft: Der Leviathan ist das Ungeheuer, das dem Ungeheuer Revolution, genannt Behemoth, Paroli bietet. Geschickt identifiziert Hobbes im Bild des Behemoth den Fanatismus der Puritanischen Revolution mit der anarchischen Kraft des Naturzustandes. Der Staat schützt vor dem religiösen Chaos.

Es ist das entscheidende Problem bei der Stiftung dieses neuen politischen Mythos, der Phantasie der Menschen das Bild des Leviathan

---

72 Taubes, Der Fürst dieser Welt, S. 15.
73 Schmitt, Die Diktatur, S. 118.

als Schutzmacht einzubilden – als gütige, weil schützende Gottheit. Der Staat des Thomas Hobbes übernimmt die volle politische Gefahr und Sicherheitsverantwortung. Das ist deshalb so bedeutsam, weil Hobbes die Gleichheit der schwachen Menschen an dem harten Faktum abliest, daß jeder jeden töten kann. Gefahr – Furcht – Sicherheitsbedürfnis – Schutzapparatur – strikter Gehorsam: diese Staatslogik läßt sich vollständig aus der „mutuall Relation between Protection and Obedience“[74] entfalten. Carl Schmitt hat das auf die schöne Formel gebracht: „Das *protego ergo obligo* ist das *cogito ergo sum* des Staates“[75].

In Hobbes' Staatsmetapher verschränken sich verschiedene Bildebenen. Der riesige, aus kleinen Menschen zusammengesetzte Mann auf dem Titelkupfer, der mit Schutzgebärde Schwert und Bischofsstab trägt, allegorisiert die staatliche Einheit von geistiger und weltlicher Macht. Dies übernatürliche *animal artificiale* ist der neue Gott der Sicherheit. Es handelt sich nicht um einen Anthropomorphismus des Staates, sondern um einen extremen Personalismus seiner Lehre, die ganz auf Repräsentation abgestellt ist. Der Fürst repräsentiert die politische Einheit, und der Staat ist „united in the Person of one Sovereign“. Dieses Simulakrum der Souveränität wird nun aber kompliziert durch das Bild der *machina machinarum*: Die souverän-repräsentative Person verhält sich zur technisch vollkommenen Befehlsapparatur des Staates wie, nach Descartes, die Seele des Menschen zu seinem Körpermechanismus. So gesehen ist der Leviathan der Prototyp der neuzeitlichen Maschinenwelt. Ist aber die Seele erst einmal Teil einer Maschine, so kann sich auch das personalistische Repräsentationsdenken nicht mehr lange halten. Die Person entzieht sich der modernen Imagination und der Staat zerfällt in Befehlsmechanik und die bloßen *simulacra* des Göttlichen.

Hobbes' Souveränitätsbegriff ist, wie man vielfach bemerkt hat, dem calvinistischen Gottesbegriff verwandt: Gott ist Macht. Und deshalb ist, was allmächtig ist, göttlich. „The *power* of God alone without other helps is sufficient *justification* of any action he doth.“ Hobbes projiziert das auf die Hiob-Problematik und resümiert: *„Power irresistible justifies all action, really and properly*, in whomsoever it be found“[76]. Einzig und allein diese *irresistible power* (und keineswegs etwa das Schöpfungswerk) verleiht Gott Souveränität über die Menschen. Souverän ist Gott „not as Creator [...] but as Omnipotent.“[77]

---

74 Hobbes, Leviathan, S. 728.
75 Schmitt, Der Begriff des Politischen, S. 53.
76 Hobbes, Of Liberty and Necessity, S. 249 f.
77 Hobbes, Leviathan, S. 397.

Das wird auf den Fürsten dieser Welt übertragen. Dabei ist entscheidend, daß das Prinzip der Souveränität nur im Rahmen eines strengen juristischen Personalismus sinnvoll ist. Nun wird das Fiktive des Hobbesschen Staatsvertrags besonders deutlich: Der Vertrag stiftet eine absolute Repräsentation, der sich jeder einzelne unterwirft. Aber die souveräne Einheit, der sich alle unterwerfen müssen, um den Staat zu begründen, entsteht überhaupt erst mit der Repräsentation. Diese logische Schwierigkeit deckt das Bild des Leviathan.

Die Autorität des Souveräns ist Hobbes' dezisionistischer Ausweg aus der blutigen Schlacht um die Wahrheit des Glaubens. Die Formel *auctoritas, non veritas facit legem* setzt den Primat des Friedens vor der Wahrheit. Nicht wer glaubt, Recht zu haben, sondern wer die Macht hat, zu entscheiden, kann den Streit schlichten. Der Befehl ist wahrheitsneutral und macht zugleich den politischen Charakter jedes Wahrheitsanspruchs deutlich. „Law in generall is not Counsell but Command"[78]. Der staatsabsolutistische Gesetzesbegriff hat also nichts mit Gerechtigkeit, Moral, Weisheit und Logik zu tun, sondern meint den konkreten Befehl. Recht ist staatsimmanent. Deshalb kann der Hobbes-Staat nicht Unrecht tun. Die inhaltliche Richtigkeit verblaßt vor dem Wer und Daß der Entscheidung.

In Hobbes politisch-theologischer Metaphorik schiebt sich über die Bildebenen des *magnus homo*, des *animal artificiale* und der *machina machinarum* alles überbietend das Bild vom sterblichen Gott und stiftet eine mythische Totalität. Sterblich heißt dieser Gott der totalen Repräsentation, weil Hobbes aus der Erfahrung des konfessionellen Bürgerkriegs heraus absieht, daß diese Staatsmaschine einmal durch Rebellion zerstört werden wird. Der Staat als sterblicher Gott konkurriert nicht mit dem Einen Gott der Bibel, sondern mit der mittelalterlichen Societas-Christiana-Lehre. Bei Hobbes ist das Reich des sterblichen Gottes prinzipiell für die Transzendenz des unsterblichen offen. Leviathan, der sterbliche Gott, konkurriert mit Christus, dem sterblichen Gott. „This is the Generation of that great *Leviathan*, or rather (to speake more reverently) of that *Mortall God*, to which wee owe under the *Immortall God*, our peace and defence. For by this Authoritie, given him by every particular man in the Common-Wealth, he hath the use of so much Power and Strength conferred on him, that by terror thereof, he is inabled to forme the wills of them all, to Peace at home, and mutuall ayd against their enemies abroad."[79]

Im Augenblick der Staatsstiftung wird der Mensch vom intelligenten Wolf allererst zum Menschen. Hinter dieser Staatslehre von der

---

[78] A. a. O., S. 312.
[79] A. a. O., S. 227 f.

Menschwerdung des Menschen steht die Menschwerdung Gottes. Deshalb wendet Hobbes die Johanneische Bestimmung des Antichrist als des Leugners, daß *Jesus est Christus* (1. Joh. 2,22), zum Leitmotiv des Leviathan: *Jesus is the Christ*. Die Wahrheit des in der Menschwerdung *präsenten* Gottes ist der Grund der Wahrheit aller *Repräsentationen* durch souveräne Autorität.

Vor dem lichten Hintergrund der Friedensformel *auctoritas non veritas* und der Heilsformel *Jesus is the Christ*, die das Reich des Leviathan begrenzen, hebt sich in Hobbes' politisch-theologischer Bilderwelt das römisch-katholische *Kingdome of Darknesse* mit großartiger Düsterkeit ab. Hier geht es um den konkreten Feind des Leviathan, und hier greift Hobbes' Metaphorik zu den effektvollsten Bildern. Vom Lemurenreich des Papstes heißt es: „Their whole Hierarchy, or Kingdome of Darknesse, may be compared not unfitly to the *Kingdome of Fairies*; that is, to the old wives Fables in England, concerning *Ghosts and Spirits*, and the feats they play in the night. And if a man consider the originall of this great Ecclesiasticall Dominion, he will easily perceive, that the *Papacy*, is no other, than the *Ghost* of the deceased *Romane Empire*, sitting crowned upon the grave thereof"[80].

4. Die natürliche Illusion

1764 erscheint Johann Heinrich Lamberts *Neues Organon*, ein Versuch über die „Bezeichnung des Wahren". Es ist eine Geburtsurkunde der phänomenologischen Forschung, denn Lambert erkennt, daß „wir nicht schlechthin das Wahre dem Falschen entgegenzusetzen haben, sondern daß sich zwischen beiden noch ein Mittelding findet, welches wir den Schein nennen"[81]. Dieses Mittelding erweist sich als Medium unseres alltäglichen Weltverhaltens. Hier zeigt sich schon zweierlei: Einmal ist die Vollzugsform der modernen Erkenntnistheorie eine Theorie des Irrtums; zum zweiten zielt der Phänomen-Begriff der Phänomenologie nicht auf Gegenstände der empirischen Anschauung, sondern auf die Formen der Anschauung. Am 13. Oktober 1770 schreibt Lambert an Kant: „Der Metaphysiker kann alles als Schein annehmen, den leeren vom reellen absondern, aus dem reellen auf das Wahre schließen." Lambert denkt das nach Analogie der astronomi-

80 A. a. O., S. 712.
81 Lambert, Neues Organon II, S. 218.

schen Forschung: Beständigen Schein müssen wir als Wahrheit gelten lassen. Dieser Schein heißt nicht nichtig oder leer sondern reell, weil er nicht trügt, so daß Lambert gar sagen kann, das, was ihm zugrunde liege, richte sich beständig nach dem Schein. „Die Sprache des Scheins wird also ebenso genau statt der unbekannten wahren Sprache dienen."

Diese phänomenologisch tastende Unterscheidung zwischen leerem und reellem Schein hat Kant dann begriffsscharf gemacht. Bekanntlich unterscheidet er Erscheinung a) von bloßem Schein und b) vom Ding an sich. Zwischen Ding an sich und Erscheinung besteht ein bloß subjektiver Unterschied: „Das Ding an sich ist nicht ein anderes Objekt, sondern eine andere Beziehung (respectus) der Vorstellung auf dasselbe Objekt."[82] Das Seiende als Gegenstand endlicher Erkenntnis heißt Kant Erscheinung; sie ist so gedacht, daß das Erscheinen immer schon das Ding an sich verhüllt. Heidegger hat das auf die Formel gebracht, Kants Erscheinung sei die „meldende Ausstrahlung von etwas, was sich in der Erscheinung *verbirgt*."[83] Sie unterscheidet sich aber von Schein dadurch, daß es Schein nicht im angeschauten Gegenstand, sondern allein im Urteil über ihn gibt. Schein entsteht an der Schnittstelle von Sinnlichkeit und Verstand.

Die skeptische Anzeige der Quellen von Schein ist der kritische Teil der philosophischen Dialektik. Als „Wissenschaft von der Auflösung des Scheins"[84] kämpft sie gegen die Sophistik. Der sophistische Schein entsteht durch den Mißbrauch eines formallogischen *Kanons* der Beurteilung als *Organon* der Erkenntnisproduktion. Und es bleibt für Kant eine ständige Verlockung des Verstandes, von seinen rein formalen Prinzipien einen materialen Gebrauch zu machen. Der sophistische Schein steckt also in der Natur des menschlichen Erkennens selbst. Kant vollzieht deshalb sein kritisches Geschäft Aug in Aug mit der Kunst des Scheins. Läßt sich Sophistik als Veranstaltung begreifen, „Schein dogmatisch zu erregen"[85], so kann man Kants transzendentale Dialektik als ein Verfahren der *kritischen Erregung von Schein* definieren. Der Schein soll sich selbst ruinieren. Die Produktion von Schein in kritischer Absicht führt dann zu seinen Quellen im Erkenntnisprozeß. Kants Theorie der Erkenntnis formiert sich, indem sie vorführt, wie Schein entsteht. Dieses inszenatorische Moment hat Kant selbst betont; so heißt es in dem berühmten Antinomien-Kapitel, er

---

82 Kant, Opus postumum, S. 653, C 551.
83 Heidegger, Sein und Zeit, S. 30.
84 Kant, Reflexionen, Nr. 1223.
85 Kant, Kritik der reinen Vernunft, B 88.

werde „die Auftritte des Zwiespalts und der Zerrüttungen sehen lassen“[86].

In diesen erkenntniskritischen Inszenierungen erweist sich immer wieder das sich als objektiv aufdrängende Subjektive als das eigentliche Medium des Scheins. Schein entsteht aus der Verwechslung der subjektiven Bedingungen des Denkens mit der Erkenntnis des Objekts; aus der Mißdeutung des subjektiven Urteilsgrundes als Ansichsein des Objekts. So führt die Frage nach den Quellen des Scheins zu den Erkenntnisquellen: Sinnlichkeit als solche trügt nicht – Kants Kritik zielt also nicht auf den empirischen Schein etwa in optischen Täuschungen. Aber auch der Verstand trügt nicht – Kants Kritik gilt deshalb auch nicht dem logischen Schein, wie er, etwa bei Trugschlüssen, aus der bloßen Nachahmung der Vernunftform entspringt. Doch wo Sinnlichkeit auf den Verstand „unbemerkten Einfluß“ gewinnt, entsteht bedrohlicher, sprich: transzendentaler Schein.

Vernunft, dazu verlockt, ihre Grenzen zu verkennen, produziert Verblendung. Vor diesen ‚Blendwerken‘ des transzendentalen Scheins, die durch jeden überempirischen Gebrauch der Kategorien entstehen, ‚warnt‘ die Kantische Kritik, indem sie die Grenzlinien der Kompetenz des reinen Verstandes zieht. Gegenüber den transzendenten Verlokkungen des Scheins mahnt Kritik die strikte Immanenz der Grundsätze an. Verstand, der sich nicht selbst die Grenzen seines Gebietes abstekken kann, läuft stets Gefahr, dem Wahn zu verfallen.

Doch nun ist eines entscheidend: Auch wenn man den transzendentalen Schein kritisch aufgedeckt und seine Nichtigkeit eingesehen hat, hört er doch nicht auf zu wirken – deshalb spricht Kant hier immer wieder von einer unhintertreiblichen, unvermeidlichen und natürlichen Illusion. Im Falle des transzendentalen Scheins heißt durchschauen nicht auch schon aufheben. Diesem Schein können Menschen nicht entgehen. Die Ursache dafür liegt in einer Eigentümlichkeit unserer menschlichen, endlichen Vernunft: Daß wir subjektiv nicht anders können, als Begriffe in einer „gewissen Verknüpfung“ zu gebrauchen, erscheint uns unvermeidlich als eine Bestimmung der Dinge selbst. Das wird im Falle der obersten Verknüpfung zum Erfahrungsganzen besonders deutlich: Die Vernunft kann auf diese Idee nicht verzichten, „*das absolute Ganze aller möglichen Erfahrung* ist aber selbst keine Erfahrung“[87]. Transzendentaler Schein entsteht, wo gedacht werden muß, was nicht erkannt werden kann. Kritik kann den Schein zwar nicht vermeiden, aber sie kann verhindern, daß er zur verführerischen Macht wird.

---

[86] A. a. O., B 434.

[87] Kant, Prolegomena, A 126.

Kants transzendentale Dialektik als jene Inszenierung von Schein, in der dieser sich selbst ruinieren soll, kann zwar erreichen, „daß er nicht betrüge", nicht aber, daß er „ein Schein zu sein aufhöre"[88]. Es geht in dieser Kritik also nicht mehr um die Entlarvung sophistischer Kunststücke. Die *Kunst* des Scheins verschwindet, wenn man sie durchschaut hat; Schein als *Natur* jedoch – begründet nämlich in der Natur der menschlichen Vernunft – täuscht immer und ist unvertilgbar. Kritisch durchschauter Schein wäre demnach eine Täuschung, der die Kraft des Trugs genommen ist. Kant nennt den transzendentalen Schein natürlich, weil er aus dem „natürlichen Hang" der endlichen Menschenvernunft entspringt, die Erfahrungsgrenzen zu überschreiten. Und zwar heißt natürlich hier: gegründet in der Natur unserer Kräfte – und folglich: zweckmäßig. Befangenheit in Schein ist also nur Ausdruck der Mißdeutung eines eigentlich zweckmäßigen Vermögens, dem Kants Kritik nun „die eigentliche Richtung" zum „richtigen Gebrauche" anweist. Transzendentaler Schein entsteht aus jener Mißdeutung transzendentaler Ideen, die sie konstitutiv statt regulativ gebraucht. Deshalb verliert der Schein seine Trugmacht, wenn erkannt wird, daß die „Richtungslinien" des richtigen Ideengebrauchs auf einen *focus imaginarius* zulaufen[89].

Das metaphysische Bedürfnis des Menschen, zu wissen, was die Welt im Innersten zusammenhält; das Ganze der Erfahrung, die Einheit der die Natur bewegenden Kräfte zu fassen und im Fortschritt empirischer Synthesis bis zur unbedingten Totalität vorzudringen – dies metaphysische Bedürfnis wird von Kant nicht denunziert. Aber an den Antinomien der reinen Vernunft macht Kant eine entscheidende Erfahrung: Das denkende Subjekt, das seine autonome Vernunft zu den kühnsten Hoffnungen zu berechtigen schien, zeigt sich in einem Gespinst von Thesen und Antithesen befangen. In einer großartigen Wendung begreift Kant nun dieses Unglück der Spekulation als „Glück für die praktische Bestimmung des Menschen"; die Themen dieses Streits sind viel zu interessant, um sich in die Indifferenz der Urteilsenthaltung zurückzuziehen. So ist nur der kritische Weg noch offen, auf dem Vernunft selbst „den Ursprung der Veruneinigung der Vernunft mit sich selbst"[90] erforscht. Nur auf diesem kritischen Weg darf die mit sich selbst zerstrittene Vernunft hoffen, sich in ein vernünftiges Verhältnis zu Verstand und Sinnen zu setzen. Die Selbstmißverständnisse, die sich in den Antinomien der reinen Vernunft manifestieren, markieren den Ausgangspunkt des kritischen Prozesses: „Ich versuchte es

88 Kant, Kritik der reinen Vernunft, B 354.
89 A. a. O., B 670 ff.
90 A. a. O., B 492.

gantz ernstlich, Satze zu beweisen und ihr Gegentheil [...] weil ich eine illusion des Verstandes vermuthete“[91]. Für Kant entspringt der Erbfehler aller Metaphysik am Ort der reinen Vernunft selbst. Damit macht er Descartes' *Dieu trompeur* überflüssig; nicht Gott also ist schuld am Trug der Welt – das denkende Ich übernimmt alle Last der Theodizee.

Was die Vernunft mit sich selbst entzweit, ist ein Schein, der kritisch aufgelöst werden muß; die kritische Auflösung von Schein vollzieht sich als Enttäuschung spekulativer Hoffnungen. Dabei zeigt sich, daß der streitstiftende Schein einer Fehldeutung des Mit-sich-Zusammenstimmens der Vernunft entsprungen ist: Die Antinomien sind Resultate einer Mißdeutung der Vernunfteinheit. Es gibt also keinen wirklichen Selbstwiderspruch der Vernunft; Vernunft widerspricht sich nicht in Wirklichkeit, sondern in ihrem natürlichen Schein. Es ist jener unvermeidliche Schein, der uns verführt, der bloß subjektiven Realität von Ideen eine objektive Realität zuzuerkennen. So kehrt die bekämpfte, verworfene Sophistik im Scheinzusammenhang endlicher Vernunft wieder: „Es sind Sophistikationen, nicht der Menschen, sondern der reinen Vernunft selbst, von denen selbst der Weiseste unter allen Menschen sich nicht losmachen, und vielleicht zwar nach vieler Bemühung den Irrtum verhüten, den Schein aber, der ihn unaufhörlich zwackt und äfft, niemals völlig loswerden kann.“[92] Die Natur dieses notwendigen Scheins, der die Vernunft verwirrt, ist die des Menschen. Für endliche Vernunft gibt es Wahrheit nicht anders als umrandet von Schein – Schein ist der Name für die Positivität von Unwahrheit.

*

War die sophistische Dialektik eine Kunst der Simulakra, ein auf subjektivem Schein errichtetes falsches Spiel des Denkens, das seine ganze Energie darein investiert, den Trug zu dissimulieren, so hat Kants transzendentale Dialektik ein notwendiges Tun der Vernunft selbst dargestellt – sie verstrickt sich von Natur in Widersprüche. Diese Einsicht in die „*Objektivität des Scheins*“[93] hat Hegel als Kants bleibendes Verdienst gewürdigt. Der Aufklärer ist allerdings nicht zu einer Positivierung der Antinomien fortgeschritten. Kant bleibt Phänomenologe, und deshalb kann Hegel seinen Begriff der Erscheinung auf den skeptizistischen Schein reduzieren: seinsungegründete Mannigfal-

---

[91] Kant, Akademieausgabe Bd. XVIII, S. 69.
[92] Kant, Kritik der reinen Vernunft, B 397.
[93] Hegel, Werke Bd. 5, S. 52.

tigkeit der Phänomene, die durch Wahrnehmung gegeben sind. So wird aber die Bestimmungsmannigfaltigkeit der Welt von Kants skeptischer Methode „nur aus dem Sein in den Schein übersetzt“[94]. Diese stillschweigende Übersetzung von Sein in Schein wird von Hegel nun gerade nicht mehr als skeptischer Vorbehalt, sondern als Moment des Wahrheitsgeschehens ausgelegt: Der Schein ist weder vermeidbar noch verzichtbar; die Antinomien sind der Motor der Entfaltung von Wahrheit.

Seine Übersetzung in Schein enthüllt die Wahrheit des Seins, nämlich das Wesen. Es tritt dreifach auf: a) Das Wesen *scheint in sich* (Reflexion); b) das Wesen *erscheint* (Existenz); c) das Wesen *offenbart sich* (unmittelbares Wissen). Das Scheinen des Wesens in sich selbst produziert die Reflexion als in sich gegangenen, seiner Unmittelbarkeit entfremdeten, absoluten Schein; es handelt sich also um einen Schein *im* Wesen.

Der Schein ist also der eigene Schein des Wesens. Zugleich aber ist es nur ein Unwesen, nämlich Seinsweise des nichtigen Unmittelbaren: die Unmittelbarkeit des Nichtseins. Darin manifestiert sich „der ganze Rest“ der Seinssphäre: „das Unwesentliche und der Schein als Reste des Seins“. Aus der Perspektive des Wesens als der Wahrheit des Seins ist dieses selbst nur noch Schein – Hegel enthüllt Sein als Aufgehoben-Sein. Aufgehobensein ist aber das Sein von Schein überhaupt; es besteht nur in seiner Beziehung auf Anderes und hat nur in seinem Nichtdasein ein paradoxes Dasein. Was Hegel hier denken will, ist also, daß Nichtigkeit selbst einen Bestand haben kann – nämlich als Negiert-Sein. Das Nichtige ist nicht nichts, sondern es besteht in seinem Negiertsein. „Solches Scheindasein haben haltlose Meinungen und Halluzinationen, aber auch Institutionen ohne Funktion und Charaktere ohne Substanz“[95].

Wenn Hegels Wesenslogik also vom Schein als wesenlosem Sein oder Unwesen spricht, berichtet sie vom Schicksal des Seins im Zusammenhang des Wesens: Im Wesen ist das Sein Nichtsein. Dem entspricht die phänomenologische Definition des Scheins als eines Seins, das unmittelbar an ihm selbst ein Nichtsein ist. Diese Definition dient als Kontrastfolie des Begriffs Erscheinung, der bestimmt wird als Ganzes des Scheins. Der vielfältige Schein der Reflexionsbestimmungen muß zur Erscheinung vervollständigt werden. Das meint der berühmte Satz: „Das Wesen muß erscheinen.“ Im Gegensatz zum Scheinen meint Erscheinen: Entäußerung zur Existenz, so zwar, daß Schein

[94] Hegel, Werke Bd. 6, S. 20. – Soweit nicht anders angegeben, stammen die folgenden Hegel-Zitate aus dem Schein-Kapitel der Wesenslogik, Werke Bd. 6, S. 17 ff.

[95] Henrich, „Hegels Logik der Reflexion. Neue Fassung“, S. 238.

und Existenz eine Einheit bilden. Das besagt aber, daß das Sein, das *im* Wesen nur Nichtsein war, nun *am* Wesen hervortritt. „Das Wesen *erscheint*, so ist es nunmehr *realer* Schein, indem die Momente des Scheins Existenz haben.“[96]

Wenn Hegel vom Scheinen des Wesens in sich selbst spricht (Reflexion) und auch Nichtsein als dessen eigenen Schein bestimmt, betont er damit nicht nur die Wesentlichkeit des Scheins für das Wesen, vielmehr soll der Schein als eigenes Setzen des Wesens selbst begriffen werden. Das theologische Urmodell dieses Gedankens wird in dem den Abschnitt *Die Erscheinung* eröffnenden Paragraphen 131 der *Enzyklopädie* explizit: Das göttliche Wesen begnügt sich nicht mit der „Totalität des Scheinens in sich“, sondern tritt in die Existenz heraus. Das Wesen Gottes ist „die unendliche Güte [...], seinen Schein in die Unmittelbarkeit zu entlassen und ihm die Freude des Daseins zu gönnen.“ D. h. das Wesen scheint in die Zeitlichkeit herein. Damit aber wird das Endliche selbst zum Medium des Absoluten. Doch das Erscheinen des Absoluten verzehrt sein Medium. Endlichkeit ist deshalb für Hegel nie mehr als dieses sich selbst verzehrende Scheinen im Begriff.

Wenn das Wesen erscheinen muß und auch Wahrheit keinen Bestand hätte, wenn sie nicht schiene, d.h. „*für* Eines wäre“, ist klar, daß Hegel den Schein nicht einfach als Täuschung einer wahrhaftigen Wirklichkeit entgegenstellen kann. Wenn der Schein dem Wesen wesentlich ist, kann er nicht mehr wie bei Parmenides „als das Nichtseinsollende [...] angesprochen werden“. Für Hegel ist also die empirische Sphäre nicht die Welt des wahrhaft Wirklichen, sondern sogar „eine härtere Täuschung“ als die ästhetische. In der „schlechten, vergänglichen Welt“ der Empirie erscheint das Wesen nämlich nur entstellt durch Unmittelbarkeit und Willkür – in einem „Chaos von Zufälligkeiten“. Die sinnliche Gegenwart des Alltags ist durchherrscht von ‚haltlosem Schein‘[97]. Echte, wahrhaftige Wirklichkeit liegt für Hegel immer jenseits der Unmittelbarkeit. Wird aber derart Wahrheit als Wirklichkeit gefaßt, so ist ihr schlechthin Anderes der Schein des Unwirklichen – ein Nicht-Sein, das sich in der Meinung (Platons *doxa*) geltend macht als Sein. Dieses scheinhafte Nicht-Sein ist, „als *me on*, durchaus ein ‚Sein‘, ein *on*, das seine Nichtigkeit nur im Lichte des ‚wahren Seins‘, des *ontos on*, offenbart. Anders ausgedrückt: Eingelassen in die Erscheinung, macht der Schein einen Bestandteil der Reali-

---

[96] Hegel, Werke Bd. 6, S. 149.
[97] Hegel, Werke Bd. 13, S. 21 ff.

tät aus, wenn auch nur jenen, den der metaphorische Begriff der Oberfläche veranschaulichen möchte."[98]

Man muß also beides zusammen denken: Schein ist nichtig und hat doch realen Bestand; er läßt sich weder auf Phantasmen noch auf logische Fehler reduzieren, sondern ist objektiv – das erstmals erkannt zu haben, hat ja Hegel an der *Kritik der reinen Vernunft* gerühmt. Dieser objektive Schein hat „eine Nichtigkeit, die aus der Verschleierung von Wirklichkeit hervorgeht und die eine eigene, sogar höchst bedrängende Realität besitzt." Nichtig heißt der Schein bei Hegel also nicht, weil er *irreal* wäre, sondern weil sein Anspruch, als Realität zu gelten, *illegitim* ist.[99]

So herrscht in Hegels Realitätsbegriff der Schein vor. Realität ist deshalb nicht das Gegenteil von Schein, weil sie sich als etwas Positives affirmiert, aus dem Negation und Mangel ausgeschlossen seien. Realität scheint vorgegeben und versteckt das Negative – damit aber produziert sie Schein (das Bestehende). Es ist eines der größten Verdienste von M.Theunissens Interpretation der Hegelschen Logik, diese Verschleierungsfunktion von ‚Realität' herauspräpariert zu haben. Man versteht diese Kategorie nur, wenn man sie nicht als Gegenteil des Scheins, sondern als Moment in der „Generationsabfolge des Scheins"[100] begreift.

So wie der scheinbare Gegenbegriff zu Schein, nämlich Realität, als eine verschleiernde Kategorie sich erweist, so ist auch der Spitzenwert in Hegels Gradation des Scheins keineswegs die vollkommene Täuschung. Vielmehr erweist sich der absolute Schein als Scheinen des Absoluten. In ihm ist jede Bestimmtheit „ein schlechthin durchsichtiger Schein" geworden. Jetzt erst zeigt sich, daß der Schein sein Bestehen dem Absoluten verdankt; denn das Absolute ist der Ab-Grund der Bestimmungen. Und erst jetzt läßt sich der integrale Zusammenhang von Schein und Nichtigkeit, Endlichkeit und Absolutem logisch entwickeln: das Scheinen des Absoluten – nicht in seiner eigenen, seinem Inhalt gleichen Form, sondern – in einer nichtigen Form. „Der Schein ist nicht das *Nichts*, sondern er ist Reflexion, *Beziehung* auf das Absolute; oder es ist Schein, insofern das *Absolute in ihm scheint*. Diese positive Auslegung hält so noch das Endliche vor seinem Verschwinden auf und betrachtet es als einen Ausdruck und Abbild des Absoluten. Aber die Durchsichtigkeit des Endlichen, das nur das Absolute durch sich hindurchblicken läßt, endigt in gänzliches Verschwinden; denn es ist nichts am Endlichen, was ihm einen Unter-

---

98 Theunissen, Sein und Schein, S. 144.

99 Theunissen, „Antwort", S. 64, 141.

100 Theunissen, Sein und Schein, S. 218 Anm.

schied gegen das Absolute erhalten könnte; es ist ein Medium, das von dem, was durch es scheint, absorbiert wird."[101]

Das Scheinen des Absoluten vernichtet die nichtige Form, in der es scheint; dieses Endliche ist für Hegel nichts als ein bis zur reinen Transparenz sich selbst verzehrendes Medium. Auch der Versuch, das Verschwinden des Endlichen aufzuhalten und es als Abbild des Absoluten zu verklären, stiftet nur Schein – so ist der Bruch zwischen der endlichen Wirklichkeit der Empirie und der unendlichen Freiheit des Begriffs nicht zu heilen. Versöhnungskraft in diesem Sinne schreibt Hegel aber dem Schein des Schönen zu: Der schöne Schein reicht näher an die wahrhafte Wirklichkeit als die Endlichkeit. Denn empirische Realität verschleiert ja die Vermittlungen, versteckt das Negative und täuscht deshalb ‚härter' als die Kunst. Gemessen am schönen Schein, der ja die Unmittelbarkeit des empirisch Gegebenen bricht, ist die gewöhnliche Wirklichkeit bloßer Schein. „Den Schein und die Täuschung dieser schlechten, vergänglichen Welt nimmt die Kunst von jenem wahrhaften Gehalt der Erscheinungen fort und gibt ihnen eine höhere, geistgeborene Wirklichkeit." Der ästhetische Schein verleiht dem Endlichen jene Durchsichtigkeit, in der es – wie es ja in der Logik der Wirklichkeit hieß – „das Absolute durch sich hindurchblikken läßt". Dem entspricht exakt die Formulierung in Hegels *Ästhetik*, der ästhetische Schein sei dem Schein der alltäglichen Existenz dadurch überlegen, „daß er selbst durch sich hindurchdeutet und auf ein Geistiges, welches durch ihn soll zur Vorstellung kommen, aus sich hinweist"[102]. Der ästhetische Schein – Schön-Sein als reines Scheinen – ist als geistiger die höhere Realität gegenüber dem haltlosen Schein der Empirie, weil er selbst durch sich hindurchdeutet. Man kann das als ästhetisch säkularisierte Offenbarung begreifen: Das Kunstwerk scheint wie ein Gott erscheint – nicht phantomatisch, sondern epiphanisch.

---

[101] Hegel, Werke Bd. 6, S. 190, 189 f. – Heidegger, Holzwege, S. 129, hat sehr schön bemerkt, daß sich Hegels phänomenologische Darstellung des erscheinenden Wissens zwar kritisch gegen den Anschein (von Wissen) wendet, „aber in der versöhnenden Weise, die sogar im bloßen Schein das reine Scheinen des Strahls zum Leuchten bringt. Wird dagegen der bloße Schein nur als das Falsche abgewiesen, dann ist er noch nicht einmal in seinem Scheinen vernommen."

[102] Hegel, Werke Bd. 13, S. 22 f.

II. Das Fabelwerden der wahren Welt

1. Universalisierung der Rhetorik

„Rhetorik ist das Wesen der Philosophie Nietzsches“[1] – in dieser These gipfelt Hans Blumenbergs Interpretation des Mythos von der Ewigen Wiederkehr des Gleichen. Schon die Forschungen von Walter Jens, Wilfried Barner, Joachim Goth und Philippe Lacoue-Labarthe[2] haben erste wichtige Hinweise gegeben, die es ermöglichen, die Blumenberg-These philologisch zu erhärten.

Im September 1872 entleiht Nietzsche die gerade erschienenen Bücher von Volkmann über *Die Rhetorik der Griechen und Römer* und Gerber über *Die Sprache als Kunst* aus der Basler Universitätsbibliothek. Von dieser Lektüre verspricht er sich auch eine Klärung des in seinem Tragödienbuch noch problematisch gebliebenen Verhältnisses von Apollinischem und Dionysischem. Begreift man den Rhythmus als das apollinische Moment der Musik – und Nietzsche nennt Apollo ausdrücklich den „Gott der Rhythmen“[3] –, so läßt sich der „rhetorische Satz“ nämlich auf „sein Analogon in der Musik“[4] beziehen.

Doch die Lektüre von Gustav Gerbers Buch führt Nietzsche weit über den Horizont der *Geburt der Tragödie* hinaus. Seine wichtigsten Thesen sind rasch referiert. Gerber betont immer wieder den künstlerischen Ursprung des Wortes; es entsteht in der Weise der Synekdoche (wörtlich: ein Mitverstehen von etwas nur Angedeutetem). „Alle Wörter sind Lautbilder und sind in Bezug auf ihre Bedeutung an sich und von Anfang an Tropen.“ Folglich ist all das, was man als gewöhnliche Rede bezeichnet, schon von Grund auf „Figuration“. Und deshalb ist für Gerber „nichts falscher als anzunehmen, daß wir durch die Sprache die Dinge in der Welt bezeichnen. [...] Die Wörter [...] bedeuten überhaupt nicht die Dinge, sondern – und zwar bildlich – nur *uns selbst*, nur *unsere* Welt.“[5]

---

[1] H. Blumenberg, Arbeit am Mythos, S. 272.

[2] Vgl. W. Jens, Von deutscher Rede (1969); W. Barner, Barockrhetorik (1970); J. Goth, Nietzsche und die Rhetorik (1970); Ph. Lacoue-Labarthe, Le Détour (1971).

[3] Nietzsche, S. W. Bd. 3, S. 442.

[4] Nietzsche, Werke, Bd. X, S. 466.

[5] G. Gerber, Die Sprache als Kunst I, S. 248, 251, 333, 366, 391 f.

So gilt der Tropus als das linguistische Paradigma schlechthin: Die figurative Struktur charakterisiert die Sprache als solche – sie ist Rhetorik, Übertragung, nicht Repräsentation. Und schon bei Gerber erscheint die Metapher als die Kraft, die es der Rede ermöglicht, die Kluft der Repräsentation zu überspringen. Am Anfang der Sprach-Rhetorik steht die Ersetzung – man würde heute mit Derrida sagen: ein ursprüngliches Supplement. Dabei verschwindet das Ding selbst hinter dem Merkmal, einer ersetzenden Markierung, die bezeichnet, indem sie auszeichnet *(pitanon)*. Bewußt werden uns nicht die Dinge, sondern unsere Stellung zu ihnen. So bleibt das wissenschaftliche Ideal einer integralen Anschauung und Erfassung der Dinge für Gerber und Nietzsche eine Schimäre: „*Die Sprache ist Rhetorik*, denn sie will nur eine *doxa*, keine *episteme* übertragen".[6] Ähnlich zeigt ja heute die *new rhetoric*, „daß es eine ‚neutrale' Sprache nicht gibt, sondern daß jede Aussage [...] intentional, also ‚rhetorisch' strukturiert ist".[7]

Gerbers Spekulation führt genau hinter jene Schwelle der Spracherfahrung im 17. Jahrhundert zurück, die Michel Foucault als Zerstörung der traditionellen Gewißheit „que le *langage parlait*" durch eine neue sprachtheoretische Grundformel beschrieben hat: „le langage analyse" – nämlich die Repräsentationen. Diesseits dieser Schwelle eröffnete sich ein rhetorisch-tropologischer Raum, in dem die Wörter noch eine große Macht der Deplazierung, Verdichtung und Verschiebung bewiesen. Erst die umfassende Analyse der Repräsentationen hat dann die Wörter immobilisiert, ihnen einen festen Platz angewiesen und jene „force d'une rhétorique spontanée"[8] gebrochen.

Gerbers Theorie vom rhetorischen Ursprung der Sprache mündet in einen Begriff des Sprachlich-Unbewußten. Dem entspricht genau, daß Freud jene Kräfte der Deplazierung des Signifikanten – also Verdichtung und Verschiebung – als Primärvorgänge des Unbewußten bestimmt. Konsequent hat dann die linguistisch enggeführte Psychoanalyse Jacques Lacans diese psychischen Primärvorgänge als Metonymie und Metapher verstanden. Das sind komplementäre Deutungen: Die Psychoanalyse klärt mit Hilfe der Rhetorik die sprachliche Verfaßtheit des Unbewußten auf – Gerber und (ihm meist wörtlich folgend) Nietzsche begreifen die Rhetorik als Elaboration einer unbewußten Sprach-Kunst. „Es ist", so Nietzsche, „nicht schwer zu beweisen, daß was man als Mittel bewußter Kunst ‚rhetorisch' nennt, als Mittel unbewußter Kunst in der Sprache und deren Werden thätig waren, ja, daß die *Rhetorik eine Fortbildung der in der Sprache gelegenen Kunstmittel* ist, am hellen Lichte des Verstandes. Es giebt gar keine unrhetorische

6 Nietzsche, Gesammelte Werke, Bd. V, S. 298.
7 W. Jens, Von deutscher Rede, S. 21.
8 M. Foucault, Les mots et les choses, S. 130 f.

'Natürlichkeit' der Sprache, an die man appelliren könnte: die Sprache selbst ist das Resultat von lauter rhetorischen Künsten".[9] Deshalb erhebe die griechische Rhetorik die Abweichung von der Natur, den Widerspruch gegen sie, zu einem Prinzip der guten Rede. Natürliche Leidenschaft ist einsilbig und kann das Bedürfnis, den Menschen auch in Lagen größter Not schön reden zu hören, nicht befriedigen.

Singende Leidenschaft gibt es nicht in der Wirklichkeit. So betont Nietzsche die „heldenhafte Unnatürlichkeit" der schönen Rede. Und auch hier findet der rhetorische Satz sein Analogon in der Musik: „die schöne *Unnatürlichkeit*"[10] der Oper vergleichgültigt den Wortsinn zugunsten des Tons. Diese schöne, heldenhafte Unnatürlichkeit des Rhetorischen zielt auf einen höheren Reiz als den der Illusion. Und sofern es ja gar keine unrhetorische Natürlichkeit der Sprache gibt, läßt sich sagen: Sie zielt auf eine „höhere Natur, im Gegensatz zu einer gemeinen Natürlichkeit".[11] Walter Jens hat das sehr schön an Wagners *Meistersingern* klar gemacht; sie bieten ein Vor zur Volkstümlichkeit. Artistische Raffinesse und ästhetisches Kalkül wirken natürlich und spontan; sie bahnen den dialektischen Weg zwischen Regel-Pedanterie und Originalgenie. Wagners musikalische Frische ist Resultat von Gelehrsamkeit und selbstauferlegtem Formenzwang – Jens hat das in den prägnanten Bildern des „volkstümlichen Artisten Hans Sachs" und von „Richard Wagner im Gemerk"[12] festgehalten.

*

Wer sich über die Bedeutung der Rhetorik für Nietzsches Denken klar werden will, steht zunächst vor der Schwierigkeit, daß sich affirmative und kritische Motive ständig abzuwechseln scheinen. Das liegt zunächst daran, daß Nietzsche Rhetorik einmal als Technik der Beredsamkeit, sodann aber auch als jenes System der Tropen begreift, das aller Rede zugrunde liegt. Paul de Man nennt die Aporie: „Considered as persuasion, rhetoric is performative but when considered as a system of tropes, it deconstructs its own performance".[13] Um diese logische Schwierigkeit aus der Geschichte der Rhetorik heraus zu verstehen, ist zunächst daran zu erinnern, daß ihre Platonische Unterwerfung, die allein der begrifflichen Wahrheit die Überzeugungskraft des Rhetors vindizieren wollte, nicht ganz gelungen ist: Metaphern, Mythen und Kunstwerke markieren im System des abendländischen

---

[9] Nietzsche, Gesammelte Werke, Bd. V, S. 297 f.
[10] Nietzsche, S. W. Bd. 3, S. 435 ff.
[11] Nietzsche, Gesammelte Werke, Bd. V, S. 310.
[12] Jens, a. a. O., S. 152 f.
[13] P. de Man, Allegories of Reading, S. 131.

Rationalismus die Stellen logischer Verlegenheit. So heißt es in Nietzsches Rhetorik-Vorlesung über Platon: „Der *mythische* Bestandtheil der Dialoge ist der rhetorische: der Mythus hat das Wahrscheinliche zum Inhalt: also nicht den Zweck, zu belehren, sondern eine *doxa* bei den Zuhörern zu erregen[...]. Das Mythische und das Rhetorische wird angewandt, wenn die Kürze der Zeit keine wissenschaftliche Belehrung zuläßt“.[14]

Dem neuzeitlichen Methodologismus und dem *clare et distincte*-Postulat Descartes' hat Vico dann Rhetorik als Logik der Phantasie entgegengesetzt: eine Welt des *sensus communis* von Projektionen und Konjekturen. Wo keine wissenschaftliche Gewißheit zu haben ist, muß man sich mit dem Wahrscheinlichen arrangieren; wo Evidenz verstellt bleibt, müssen Institutionen und Konventionen an ihre Stelle treten – Gadamer hat in diesem Zusammenhang vom „Reich der einleuchtenden Überzeugungen“[15] gesprochen. Doch bekanntlich entscheidet erst die Konstruktion eines Satzes, ob *persuadere* überzeugen oder überreden heißt – das griechische *peithein* unterscheidet hier noch nicht. Als Medium des Konsensus über praktische Fragen, Standards und Handlungsnormen hat Rhetorik einen Gewaltindex, den Habermas in eben dieser „merkwürdigen Ambivalenz zwischen Überzeugung und Überredung“[16] sieht. Diese Ambivalenz ist für Nietzsche aber nur das rationalistische Inkognito des eigentlichen Gegensatzes im Gebrauch rhetorischer Kunstmittel. Das große Entweder/Oder lautet nicht Überredung oder Überzeugung, sondern Überredung oder Unredlichkeit: „Macht-Beredsamkeit“ oder „Rhetor[ik] aus *Noth*“[17] – Rhetorik als Medium des großen Stils oder als Mittel der Selbstbetäubung.

Es ist nun entscheidend, zu sehen, daß die Unredlichkeit jener Not-Rhetorik gerade aus einer Verkennung des irreduzibel Rhetorischen aller Rede resultiert. Denn gerade aus Nietzsches Universalisierung der Rhetorik folgt zwingend die Auffassung, daß unsere eigentlichen Erlebnisse nicht mitteilbar sind: „Wofür wir Worte haben, darüber

---

[14] Nietzsche, Gesammelte Werke, Bd. V, S. 290.

[15] H. G. Gadamer, „Rhetorik, Hermeneutik und Ideologiekritik“, S. 63. – Hans Blumenbergs Metaphorologie ist die gegenwärtig vertrauteste Gestalt einer Wiederkehr von Rhetorik in Philosophie: Nicht der Mensch macht Geschichte, sondern seine Rhetorik der Umbesetzungen; Geschichtssubjekte werden ernannt. *Res* prinzipiell durch *verba* zu ersetzen, macht Rhetorik für Blumenberg zum humanen Radikal: „Rhetorik schafft Institutionen, wo Evidenzen fehlen.“ Sie ist das Medium des „vernünftigen Arrangements mit der Vorläufigkeit der Vernunft“ – Wirklichkeiten, S. 110, 130. Rhetorik regelt den metaphorischen Wirklichkeitsbezug; ihre wohltätige Indirektheit schützt vor dem Terror der nackten Wahrheit; vgl. hierzu auch C. Schmitt, Römischer Katholizismus, S. 38 ff. (Repräsentative Rede; Fähigkeit zur Form; Sichtbarkeit der Menschenwürde).

[16] J. Habermas, „Der Universalitätsanspruch der Hermeneutik“, S. 123

[17] Nietzsche, S. W. Bd. 6, S. 118 f.

sind wir auch schon hinaus."[18] Eben diese Erfahrung der Inkommunikabilität von Aufrichtigkeit, die ja im 18. Jahrhundert „das Ende des technischen Vertrauens in Kommunikation"[19] und damit der Rhetorik markierte, macht Nietzsche zum Kritiker des ‚schönen Stils', der für ihn nur der goldene Käfig sklavenhaft plappernder Barbaren ist, die sich mit der betrügerischen Rhetorik eines „übersilberten Scheinfranzosenthums" darüber betrügen, wie unendlich schwer es für den Menschen ist, sein „complicirtes Wesen [...] wirklich *aus*zudrücken! Die meisten Menschen bleiben eben in sich kleben und können nicht heraus, das ist aber Sklaverei. Sprechen- und Schreibenkönnen heißt freiwerden."[20]

Gegen die Rhetorik der Not, des Betrugs und Selbstbetrugs hat Nietzsche als idealtypisches Präparat die Erziehergestalt Schopenhauers aufgerichtet: Schopenhauers redliche Rede ist an die eigentümliche Kommunikationsstruktur gebunden, nur ‚für sich' zu schreiben, nur ‚mit sich' zu reden und sich an andere nur wie ein Vater zu wenden, der seinen Sohn ‚unterweist'. Dieses redliche Aussprechen kann „das Ergreifende ohne Rhetorik"[21] sagen. Doch dahinter steht ein großes Als-ob, denn es gibt ja keine unrhetorische Natürlichkeit des Sprechens. Kunstlosigkeit der Rede ist vielmehr Produkt der höchsten Redekunst, die keine Künstlichkeit merken läßt: „*der* rhetorische Stil ist *kein* rhetorischer Stil."[22] Redliche Rede darf nicht dem Phantom einer natürlichen Nacktheit des Ausdrucks nachjagen – glänzende Rede darf nicht den Glauben an den Ernst der vertretenen Sache erschüttern. „Es ist ein Spiel auf der Grenze des Aesthetischen und Moralischen", heißt es in Nietzsches Rhetorik-Vorlesung. „Das eigentliche Geheimnis der rhetorischen Kunst ist nun das weise Verhältnis beider Rücksichten, auf das Redliche und auf das Künstlerische."[23]

*

Jenes Schopenhauer-Präparat soll vor allem eines deutlich machen: Es steht einem Denken nicht einfach frei, sich mitzuteilen – es muß den rechten Adressaten finden; auch will es nicht von jedermann verstanden werden. Das ist ein Leitmotiv aller Schriften Nietzsches: Wer hat Ohren für meine Wahrheiten? Wer ist mir mit den Ohren verwandt? Muß man ihnen erst die Ohren zerschlagen? Die Klanggesetze einer

---

18 A. a. O., S. 128.
19 N. Luhmann, Liebe als Passion, S. 157.
20 Nietzsche, S. W. Bd. 7, S. 834.
21 Nietzsche, S. W. Bd. 1, S. 347.
22 Jens, a. a. O., S. 15.
23 Nietzsche, Gesammelte Werke, Bd. V, S. 307.

Rede, die feineren Gesetze ihres Stils fordern rhetorisch geschulte Ohren: „jeder Geist hat seinen Klang."[24] Auf diese rhetorische Erfahrung stützt sich auch die berühmte Forderung Nietzsches, mit dem Hammer zu philosophieren; der Hammer soll ja als Stimmgabel benutzt werden, um Götzen – also den Geist und die Geister – auszuhören. „Welche Marter sind deutsch geschriebene Bücher für Den, der das *dritte* Ohr hat! Wie unwillig steht er neben dem langsam sich drehenden Sumpfe von Klängen ohne Klang, von Rhythmen ohne Tanz, welcher bei den Deutschen ein ‚Buch' genannt wird!"[25] Moderne, zumal deutsche Leser haben kein Ohr für die Materialität der Zeichen, für die suprasegmentalen Elemente der Rede (Superfix); sie lesen, ohne das Tempo, den rhythmischen Sinn eines Texts zu verstehen. Und der Pfarrersohn Nietzsche erkennt allein noch in der protestantischen Kanzelrede eine Traditionsspur rhetorischer Technik. „Der Prediger allein wußte in Deutschland, was eine Silbe, was ein Wort wiegt, inwiefern ein Satz schlägt, springt, stürzt, läuft, ausläuft, er allein hatte Gewissen in seinen Ohren."[26]

Der deutsche Stil gilt Nietzsche als Inbegriff der Verkennung des Rhetorischen. Für die Klanggesetze des Stils ist er taub, denn: „Der Deutsche liest nicht laut, nicht für's Ohr, sondern bloss mit den Augen: er hat seine Ohren dabei in's Schubfach gelegt." Solches Lesen liest gar nicht erst, was dasteht, sondern greift einige Worte auf einer Seite heraus und schließt aus den zufällig ausgewählten Worten auf den mutmaßlichen Sinn des Ganzen. Das ist Nietzsches Negativfolie für seine Beschwörung der durch rhetorische Schulung disziplinierten „*öffentlichen* Welt" der Antike. Sie wird von physiologischen Parametern geprägt: Es sind „Bedürfnisse des Ohrs und Kehlkopfs", die den antiken Redestil bestimmen. „Eine Periode ist, im Sinne der Alten, vor Allem ein physiologisches Ganzes, insofern sie von Einem Athem zusammengefaßt wird."[27] Diese Definition aus *Jenseits von Gut und Böse* übernimmt fast wörtlich eine Formulierung der frühen Rhetorik-Vorlesung. Modernen Ohren klingt antike Literatur genau in dem Maße ‚rhetorisch' als sie sich ans Ohr wendet. Damit zielt Nietzsche aber nicht auf eine Gegenüberstellung von modernem Leser und antikem Redner. Es geht ihm vielmehr darum, am lauten Lesen in der antiken Öffentlichkeit das rhetorische Opfer zu ermessen, das jenes taube Lesen der Innerlichkeit bringt. „Bei uns ist der Leser fast gar kein

[24] Nietzsche, S. W. Bd. 5, S. 353.
[25] A. a. O., S. 189.
[26] A. a. O., S. 191.
[27] A. a. O., S. 190.

Hörer mehr, und deshalb arbeitet einer, der den mündlichen Kunstvortrag im Auge hat, jetzt sorgfältiger: verkehrte Welt!"[28]

Auch bei leisem Lesen werden rhetorisch geschulte Ohren schärfer hinhören und die Texte mit dem Ohr ‚abschmecken'. Insofern bleibt der gute Leser für Nietzsche stets ein „sublimirter Hörer."[29] Doch die antike Voraussetzung einer Isonomie von Schreib- und Redestil ist unwiederbringlich dahin. Eine berühmte Formel Löwiths variierend ließe sich sagen: Nietzsche unternimmt eine Wiederholung der antiken Rhetorik auf der Spitze der Modernität, d.h. in dem vollen Bewußtsein, daß das Schreiben heute anderen Gesetzen unterliegt als das Sprechen. Die Kunst des Schreibens muß also „Ersatzmittel"[30] für die spezifischen Ausdrucksarten der Rede finden. Die „Fülle der Anführungszeichen und Sperrungen oder Unterstreichungen, die vielen Punkte und Gedankenstriche, Fragen und Ausrufe"[31] in Nietzsches Schriften sind als solche rhetorischen ‚Ersatzmittel' zu verstehen.

Nietzsche verdeutlicht die moderne Verkennung der Rhetorik immer wieder an der Misere des deutschen Stils. Denn in ihm bekämpft er zugleich zwei der folgenreichsten Phantasmen der Moderne: die ‚Natürlichkeit' und die ‚Innerlichkeit'. Beide entlarvt er als Ausgeburten einer tiefen Angst vor der Konvention: deutsche Natürlichkeit sei nichts als ein bequemes Sichgehenlassen, Innerlichkeit sei lediglich mangelnder „Formensinn."[32] So wie Nietzsche prinzipiell Souveränität nur im Spiel von Zwang und Sieg kennt, begreift er die Freiheit einer Sprache als direkte Funktion der in ihr herrschenden „Tyrannei von Reim und Rhythmus."[33] Genau das hatte er ja von der antiken Rhetorik gelernt: den Reiz eines neuen, selbstauferlegten Zwangs. Zwei einschlägige Aphorismen aus *Menschliches Allzumenschliches* tragen denn auch die Überschriften *In Ketten tanzen* und *Freiheit in Fesseln*. Der freie Geist spielt in den Herkömmlichkeiten und vererbten Formeln und schafft sich, zur Erschwerung dieses Spiels, neue Konventionen, um über sie die „Täuschung der Leichtigkeit" zu breiten.[34]

---

28 Nietzsche, Gesammelte Werke, Bd. V, S. 18.

29 Nietzsche, Gesammelte Werke, Bd. XVIII, S. 136.

30 Nietzsche, S. W. Bd. 2, S. 600.

31 J. Goth, Nietzsche und die Rhetorik, S. 90. – Nur *der* Schriftsteller hat Geist, der weiß, daß jeder Geist einen Klang hat, und es versteht, diesen Klang durch rhetorische ‚Ersatzmittel' im Text zu notieren; so versteht sich Nietzsches Bescheid: „Kein Schriftsteller hat bis jetzt genug Geist gehabt, nun rhetorisch schreiben zu dürfen" – Gesammelte Werke, Bd. XI, S. 114.

32 Nietzsche, S. W. Bd. 1, S. 275 f.

33 Nietzsche, S. W. Bd. 5, S. 108.

34 Nietzsche, S. W. Bd. 2, S. 612, 618.

Nietzsches Lob der Fesseln und Ketten, des Zwangs und der Tyrannei akzentuiert die physiologische Dimension der Rhetorik – sie ist Körpertechnik. Daß wir das so leicht vergessen, liegt an der neuzeitlichen Vorherrschaft der Schrift, die den Körperbezug, den die Stimme noch wahrt, endgültig zu tilgen droht. Was Rhetorik als Körpertechnik meint, macht die Gewalt des Rhythmus deutlich: „das rhythmische Tiktak" läßt Gesagtes „besser im Gedächtnis" haften und „über größere Fernen hin sich hörbar" machen; „der Rhythmus ist ein Zwang", der „die Worte wählen heißt und den Gedanken neu färbt"; und „er erzeugt eine unüberwindliche Lust, nachzugeben, mit einzustimmen."[35]

*

Nach dem bisher Gesagten mag es nun überraschen, daß sich der Begriff Rhetorik in Nietzsches Schriften nach 1875 kaum mehr findet. Doch es ist gerade die Universalisierung der Rhetorik in Nietzsches Denken, die ihren Begriff verdrängt. Es geht ihm nämlich nicht um einen neuen Begriff von Rhetorik, sondern um die vergessene Rhetorik des Begriffs. Dieses Vergessen ist für das neuzeitliche Denken in dreifacher Gestalt bestimmend geworden: als Vergessen des Körpers im geschlossenen „Bewußtseinszimmer"; als „Vergessen des Unterscheidenden"[36] in der Begriffsbildung; und als Vergessen der Illusionen am Ursprung der Wahrheit. In seinen Reflexionen *Ueber Wahrheit und Lüge im außermoralischen Sinne* zieht Nietzsche die volle erkenntnistheoretische Konsequenz aus seiner Rhetorik-Vorlesung. Dort hieß es: „Nicht die Dinge treten ins Bewusstsein, sondern die Art, wie wir zu ihnen stehen, das *pitanon*."[37] Deshalb überträgt ja die Sprache keine *episteme*, sondern nur eine *doxa*.

Es geht der Sprache nicht um Wahrheit; unsere Ausdrucksmittel dienen nur als Semiotik für Relationen. Die Forderung, etwas adäquat auszudrücken, ist demnach genau so unsinnig, wie der Begriff Wahrheit selbst. Sprache leistet also keine *adaequatio* zwischen *intellectus* und *res*, sondern „bezeichnet nur die Relationen der Dinge zu den Menschen und nimmt zu deren Ausdrucke die kühnsten Metaphern zu Hülfe. Ein Nervenreiz zuerst übertragen in ein Bild! erste Metapher. Das Bild wieder nachgeformt in einem Laut! Zweite Metapher. Und jedesmal vollständiges Ueberspringen der Sphäre, mitten hinein in eine ganz andere und neue."[38] Die *adaequatio*-Forderung ist also des-

---

35 Nietzsche, S. W. Bd. 3, S. 440.
36 Nietzsche, S. W. Bd. 1, S. 877, 880.
37 Nietzsche, Gesammelte Werke, Bd. V, S. 298.
38 Nietzsche, S. W. Bd. 1, S. 879.

halb unsinnig, weil es zwischen „absolut verschiedenen Sphären" keinen richtigen, adäquaten Ausdruck gibt, sondern nur ein *„ästhetisches* Verhalten" – eben dies denkt Nietzsche nun im Begriff der Metapher: Übertragen heißt Überspringen der Repräsentationskluft. Nur metaphorische Abbildung überbrückt den Hiatus zwischen Ding an sich und Nervenreiz, Reiz und Bild, Bild und Laut, Laut und Begriff.

Als Urzelle der Sprachbildung begreift Nietzsche demnach die „künstlerische Übertragung eines Nervenreizes in Bilder"[39] – sie produziert die ursprüngliche „Anschauungsmetapher". Wenn aber am Ursprung von Sprache ein ästhetisches Verhalten steht, kann umgekehrt Ästhetik vollständig aus dem Grundvorgang der metaphorischen Sprachbildung heraus verstanden werden. Darauf zielt das berühmte Diktum, Ästhetik habe „nur Sinn als Naturwissenschaft" – nämlich als Physiologie der Metaphernbildung: „Alle Kunstgesetze beziehn sich auf das Übertragen."[40] Konsequent definiert Nietzsche den „ästhetischen Zustand" als Maximum der „Übertragbarkeit"; und eben als solcher ist er „die Quelle der Sprachen."[41]

Erst am Ende der langen Übertragungskette Ding an sich – Nervenreiz – Bild – Laut – Begriff – Idee wird Wahrheit durch Bezeichnungskonventionen fixiert. Für Nietzsche steht die Neuzeit genau in dem Maße unter der Herrschaft der Abstraktionen, als sie vergessen macht, daß die Gesetze dieser Wahrheit in den Gesetzen der Sprache fundiert sind. Wenn Nietzsche immer wieder betont, der Wahrheitsbegriff sei unsinnig, so will er deutlich machen, daß die rhetorische Verfaßtheit von Sprache so etwas wie ‚Wahrheit' immer schon subvertiert: Unter den lebensnotwendigen Auslegungen, Übertragungen und Zeichenschichten gibt es kein transzendentales Signifikat. Als metaphernbildende Tiere sind wir in eine unaufhörliche Fabrikation von Fiktionen verstrickt – es gibt keine Wahrheit, sondern nur Interpretation als Medium des Willens zur Macht. So begründet Nietzsche seinen erkenntnistheoretischen Perspektivismus durch eine Universalisierung des Rhetorischen.

„Alle *rhetorischen Figuren* (d.h. das Wesen der Sprache) sind *logische Fehlschlüsse*. Damit fängt die Vernunft an!"[42] Wo wir glauben, das Wesen der Dinge zu erfassen, walten Hypostasen und Projektionen. Doch gibt es für sprechende Wesen kein Entrinnen aus dem Fetischismus der Sprache: *„Wir hören auf zu denken, wenn wir es nicht in dem sprachlichen Zwange tun wollen*, wir langen gerade noch bei dem

---

[39] A. a. O., S. 882.
[40] Nietzsche, S. W. Bd. 7, S. 395.
[41] Nietzsche, S. W. Bd. 13, S. 296.
[42] Nietzsche, S. W. Bd. 7, S. 486.

Zweifel an, hier eine Grenze als Grenze zu sehn. *Das vernünftige Denken ist ein Interpretieren nach einem Schema, welches wir nicht abwerfen können.*“[43] So kehrt die rationalistisch verdrängte Rhetorik im Innern der abendländischen Vernunft selbst wieder – nämlich in der ‚verführerischen Überredungskraft‘ von Begriffen wie Ich, Sein und Ding. „Die ‚Vernunft‘ in der Sprache: oh was für eine alte betrügerische Weibsperson! Ich fürchte, wir werden Gott nicht los, weil wir noch an die Grammatik glauben.“[44]

So wenig wie archaische Tiere ihren Panzer können Menschen die rhetorische Apparatur ihrer Sprache abwerfen; ein physiologischer Bann zwingt sie unter die „unbewußte Herrschaft [...] grammatischer Funktionen.“[45] Die Gewohnheit unbewußter Lügen, als Usus akzeptierte Fehler schaffen jene *figurae sermonis*, in denen die Menschen so etwas wie ‚Welt‘ haben. Was man Erkenntnis nennt, ist demnach eine Arbeit in usuellen Metaphern, d. h. in Illusionen, an die man sich durch langen Gebrauch so gewöhnt hat, daß man sich ihres Scheincharakters nicht mehr bewußt wird. Die Menschen spüren den rhetorischen Panzer nicht mehr, der sie umschließt – Metaphernvergessenheit ist Überlebensbedingung. Gesellschaftliches Leben setzt eine stabile Konvention der Lüge, einen verbindlichen Stil der Illusion voraus. „Was ist also Wahrheit? Ein bewegliches Heer von Metaphern, Metonymien, Anthropomorphismen kurz eine Summe von menschlichen Relationen, die [...] rhetorisch gesteigert“[46] wurden und nun kanonisch sind.

Nur dieses Vergessen des Rhetorischen macht für Nietzsche die neuzeitliche Herrschaft der Abstraktionen möglich, denn es ist das Verfahren der Begriffsbildung selbst. Der Begriff erinnert nicht an das „individualisirte Urerlebniss“, das ihn provozierte, sondern verdrängt es zugunsten einer abstrakten Merkmaleinheit. So arbeitet jeder Begriff, der vergessen macht, daß er nur das „Residuum einer Metapher“ ist, an der Verfestigung jener Herrschaft der Abstraktionen. Begriffsbildung vollzieht sich als Verdrängung der ursprünglichen „Anschauungsmetaphern“ – deshalb nennt Nietzsche das große Begriffsgebäude der neuzeitlichen Wissenschaften eine „Begräbnisstätte der Anschauung.“[47]

Das Vergessen des Körpers schließt den Menschen in ein „Bewußtseinszimmer“ ein; das Vergessen des Rhetorischen bannt ihn in die „Zwingburg“ der Wissenschaften, ins „Columbarium“ der Be-

[43] Nietzsche, Werke III, S. 862.
[44] Nietzsche, S. W. Bd. 6, S. 78.
[45] Nietzsche, S. W. Bd. 5, S. 34 f.
[46] Nietzsche, S. W. Bd. 1, S. 880.
[47] A. a. O., S. 879, 882 f., 886.

griffssysteme – zahllos sind Nietzsches Metaphern für die Folgen der Metaphernvergessenheit. Doch warum schließen sich die rhetorischen Apparaturen seiner Selbstbehauptung als Gefängniswände um den Menschen? All diese Gestalten des Vergessens haben für Nietzsche einen gemeinsamen Nenner: Der Mensch vergißt sich „als *künstlerisch schaffendes* Subjekt."[48] Schon die *Geburt der Tragödie* hatte ja Traum und Rausch als Kunsttriebe der Menschennatur, gleichsam als ästhetische Körpermedien kenntlich gemacht. Nur ersetzen jetzt rhetorische die ehemals mythischen Mächte: Der Mensch ist ein nicht festgestelltes, vom „Trieb zur Metaphernbildung"[49] geleitetes Tier.

Nun läßt Nietzsche keinen Zweifel daran, daß die Lava strömender Bildermassen, die der Metapherntrieb erzeugt, zugunsten der Selbsterhaltung und Existenzsicherung des Menschen zu Begriffen und Schemata erstarren muß. Doch damit ist der Trieb zur Metaphernbildung nicht abgestorben, sondern nur in andere Bereiche abgedrängt. Die überragende Bedeutung, die Kunst und Mythos in Nietzsches Denken haben, gründet darin, daß in ihnen die aus dem Alltag verdrängte Rhetorizität der Sprache das System der Begriffe subvertiert. Kunst und Mythos sind in ihren „neuen Uebertragungen, Metaphern, Metonymien" strukturiert wie ein Traum: Sie verwirren die Rubriken der Begriffe, verrücken die „Gränzsteine der Abstraktion", zertrümmern und setzen ironisch wieder zusammen. In Kunst und Mythos kehrt die verdrängte Rhetorik wieder und verleiht der Welt noch einmal jenen „Glanz der metaphorischen Anschauungen"[50], den sie im Prozeß der Begriffsbildung verloren hatte. Das steht hinter Nietzsches Programm einer „Überwindung des Wissens durch *mythenbildende Kräfte*"[51] und seinem ästhetischen Kultus des Unwahren.

*

In dem Aufsatz *Die Zeit des Weltbildes* hat Martin Heidegger die Forderung aufgestellt, „Nietzsches Gegnerschaft gegen Wagner als die Notwendigkeit unserer Geschichte"[52] zu begreifen. Das setzt zunächst eine gute Antwort auf die Frage nach der Möglichkeit dieser Gegnerschaft voraus. Nietzsches Wendung von der Artistenmetaphysik der *Geburt der Tragödie* zur universalen Rhetorik hat seine Diagnose des *Falls Wagner* bestimmt. Thesenhaft gesagt: Nietzsche schreibt

---

[48] A. a. O., S. 883.
[49] A. a. O., S. 887.
[50] A. a. O., S. 887 ff.
[51] Nietzsche, S. W. Bd. 7, S. 439.
[52] M. Heidegger, Holzwege, S. 94.

Wagners Gesamtkunstwerk in die (Verfalls-)Geschichte der Rhetorik ein.

Die Vorlesung über die Geschichte der griechischen Beredsamkeit charakterisiert die Griechen als das Volk der Rede, als kollektive Inkarnation des Rhetorischen – Mensch sein heiße für sie noch: Metaphern bilden und reden können. Darin liegt für Nietzsche das Schicksal der griechischen Kultur wie in einer Nußschale eingebettet, denn: „Im Redenkönnen conzentrirt sich allmählich das Hellenische und seine Macht, es wird wohl auch ihr Verhängniss darin liegen." – „Die Gefahr der Griechen lag im *Virtuosenthum* aller Art; mit Sokrates beginnen die Lebensvirtuosen, Socrates, der neuere Dithyramb, die neuere Tragödie, die *Erfindung des Rhetors*! Der *Rhetor ist eine griechische Erfindung*! *der späteren Zeit*. Sie haben die ‚Form an sich' erfunden."[53]

Doch Sokrates ist ja schon das voll entfaltete neue Ideal der Dekadenz – zum „Mann des Verhängnisses" ernennt Nietzsche Hegesias von Magnesia. Noch in *Menschliches Allzumenschliches* erscheint er als „jener nachdemosthenische Rhetor, welcher den asianischen Stil einführte und durch zwei Jahrhunderte zur Herrschaft brachte"[54] – Inbegriff mächtig und direkt wirkender Rede, die sich nicht mehr an die feinen Ohren rhetorisch Hochgebildeter, sondern an die ganze hellenistische Masse wendet. Nietzsche charakterisiert den Asianismus so: „Flucht vor der Periode, kleine Sätze: somit *stärkster Rhythmus im Kleinen fühlbar*, Rückkehr zum Wirkungsreichsten für die große Masse."[55]

Es ist nun entscheidend, zu sehen, daß Nietzsche die Herrschaft des Asianismus nicht als Folge eines Nachlassens der rhetorischen Zucht, als Sprengung jener Ketten der Konvention, in denen freie Geister tanzen wollen, begreift. Umgekehrt: Nicht die Fesseln des rhetorischen Zwangs wurden gelockert, sondern der Bogen selbstgewählter Beschränkungen wurde überspannt – und mußte brechen. Nur von hier aus scheint Nietzsche der „Barockstil des Asianismus" in der Geschichte der griechischen Beredsamkeit verständlich: daß nämlich „die sogenannte unorganische Composition, mit den wundervollsten Mitteln des Ausdrucks überhängt und maskirt [...] einmal eine Nothwendigkeit und fast eine *Wohlthat* war."[56]

Wie sich derart ästhetische Lust am „Brutalen und Verführerischen der asiatischen Rhetorik"[57] bildete, wird für Nietzsche nun zum Inter-

---

53 Nietzsche, Gesammelte Werke, Bd. V, S. 3 und S. W. Bd. 8, S. 104.
54 Nietzsche, S. W. Bd. 2, S. 151.
55 Nietzsche, Gesammelte Werke, Bd. V, S. 31.
56 Nietzsche, S. W. Bd. 2, S. 433.
57 Nietzsche, Gesammelte Werke, Bd. X, S. 485.

pretament in seinem Kampf mit der modernen Kunst. Immer wieder entlarvt er sie als rhetorische Tyrannis: organisiert durch eine formelhafte Logik, umwerfend durch die Masse der Sinnenreize, verführerisch durch die Brutalität des Stoffs. Und immer wieder nennt er die Namen: Zola, Taine, Balzac, Delacroix, die Vertreter der französischen Spätromantik – und vor allem natürlich Richard Wagner. Sie alle sind Ausdrucksfanatiker und Virtuosen des Effekts. Daß aber überhaupt der Asianismus zum sinnvollen Interpretament moderner Kunst werden kann, setzt voraus, was Joachim Goth die „manieristische Konstante" genannt hat; nur in diesem Kontext aber gilt auch die These, Nietzsche habe seinen Begriff des Rhetorischen „aus der Betrachtung der Eigenschaften der antiken ‚corrupta eloquentia' gewonnen."[58]

Wagner korrumpiert die Beredsamkeit, sofern er aus Musik Rhetorik macht, d.h. durch musikalische Suggestions- und Expressionswerte müde Nerven reizt und Eingeweide überredet. Der Rhetorik-Vorwurf zielt also auf eine Korruption des dionysischen Stils. Nietzsche selbst hat jene manieristische Konstante Barockstil genannt. An ihm läßt sich die Ambivalenz verdeutlichen, die schon seinen Begriff der asianischen Rhetorik prägte. Den Barockstil als glänzende und gelehrte Form des Verfalls findet Nietzsche in allem, was Deutschlands Musik, Architektur und Philosophie an Zauber und Verführung zu bieten haben. Vor allem die Musik steht ja nie auf der Seite des klassischen, großen Stils, sondern ist die „Schwester des Barockstils."[59] So läßt sich das „Wagnersche Musiktheater als barockes Gesamtkunstwerk" verstehen: „Barockstil ist dionysischer Stil, evident beim griechischen Dithyrambus, evident auch bei Richard Wagner."[60]

Es kann nun nicht mehr überraschen, daß Nietzsche jenem Aphorismus über die „Wohltat" des Asianismus in der Geschichte der griechischen Rhetorik einen Aphorismus folgen läßt, der von der Wohltat des Barockstils in nachklassischen Perioden berichtet. Beide Aphorismen sind genau parallel konstruiert. So wie der Asianismus als Notwendigkeit und Wohltat erschien, als der Bogen der rhetorischen Besonnenheit und Selbstbeschränkung bis zum Zerbrechen gespannt war, so erscheint der Barockstil stets als wohltätiges „Natur-Ereignis", „wenn die Anforderungen in der Kunst des classischen Ausdrucks allzugroß geworden sind". Wagners Musik zeige „das Phänomen des Barockstils in einer besonderen Pracht" – charakteristisch für ihn sind der überrei-

---

[58] J. Goth, Nietzsche und die Rhetorik, S. 37, 51. – Vgl. zu dieser Formel Quintilian, De causis corruptae eloquentiae

[59] Nietzsche, Werke III, S. 783.

[60] W. Barner, Barockrhetorik, S. 9 f. – So schon Nietzsche, Werke Bd. 11, S. 105: „Griechischer Dithyrambus ist Barockstil der Dichtkunst."

che Formentrieb, die „Beredtsamkeit der starken Affecte“ und die „Ersatzkünste des Ausdrucks“. Nur dem Laien erscheint diese radikale Rhetorizität des Barock als Ausdruck „ursprünglicher Natur-Kunst“. In Wahrheit wird „das Artifizielle [...] im Barockstil nicht gemieden, sondern gerade gesucht, es wird sogar zur Schau gestellt.“[61] Genau darauf zielt Nietzsches Hinweis, die rhetorischen Mittel des Barockstils würden „vom Künstler für die Künstler kräftig unterstrichen“.

Kein Zweifel: Der Barockstil ist für Nietzsche ein Symptom des „Abblühens“ großer Kunst, Vorläufer einer „Nacht“ der Kultur. Aber nichts wäre für ihn irriger, als mit dieser Einsicht ein abschätziges Urteil zu verbinden. Denn der Barockstil bringt ja eine notwendige Wohltat, kennt dem klassischen Geschmack verbotene „Köstlichkeiten“ – deshalb hat Nietzsche dem in der Geschichte immer wiederkehrenden Ereignis Barock „mit Bewunderung“ zugesehen.[62]

2. Einverleibung des Scheins

1817 beginnt Giacomo Leopardi mit den Eintragungen in sein großes philosophisches Tagebuch, dessen prägnanteste Aphorismen er dann zwanzig Jahre später in den *Pensieri* zusammenfaßt; sie erstellen eine Lehre von der Unzuträglichkeit der Wahrheit und der Allmacht des Scheins. Die Wahrheit sei ein Übel und solle vergessen werden – das führt Leopardi, ganz ähnlich wie schon Pascal, zu einer Apologie der illusorischen Welt-Projektionen: *L'impostura*, der Betrug, ist die Seele des gesellschaftlichen Lebens. Pessimistisch huldigt Leopardi dem Schein als dem ewigen Herrn des Menschen: Alles Wirkliche ist nichtig; real sind nur die Illusionen, die geradezu als anthropologisch konstant angesehen werden können. Denn Natur selbst ist für Leopardi die Macht des trügerischen Scheins: „La natura medesima é impostura verso l'uomo, né gli rende la vita amabile o sopportabile, se non per mezzo principalmente d'immaginazione e d'inganno.“[63]

In Sätzen wie diesem hat Nietzsche die demosthenische Einfachheit des griechischen Stils wiedergefunden, und Leopardi gilt ihm schlechtweg als größter Stilist des 19. Jahrhunderts. In der zweiten *Unzeitgemäßen Betrachtung* zitiert er ihn mit dem Vers:

---

61 Barner, Barockrhetorik, S. 18.

62 Nietzsche, S. W. Bd. 2, S. 437 f.

63 Leopardi, Pensieri, Nr. 29.

Schmerz und Langeweile ist unser Sein und Koth die Welt
– nichts Andres.

Doch Leopardi nimmt für seinen Schmerz Rache am ganzen Dasein, statt ihn als Stimulans des Lebens zu begreifen. Er sieht nicht, daß er in der Schuld des Schmerzes steht. Ihm gab ja ein Gott, zu sagen, was er leidet – d.h. sein Unglück zu denken. Gerade der Schmerz ist die Schule des Ausdrucks. Und indem der größte Stilist sagt, was er leidet, trinkt er eben auch „Honigseim" aus dem „Mischkrug", den ihm der „göttliche Kuppler des Daseins"[64] reicht. Ressentiment gegen das Leben ist für Schreiber guter Bücher nur ein Selbstmißverständnis.

1819 erscheint das Buch eines gerade Achtundzwanzigjährigen: *Die Welt als Wille und Vorstellung*. Es zielt auf eine metaphysische Vertiefung des Kantischen Kritizismus durch die uralte Weisheit der Inder. Schopenhauers Chiffre für die Macht des trügerischen Scheins in der Welt lautet: Schleier der Maja. Kants Erscheinungswelt gesteht Schopenhauer nur noch den ontologischen Rang von Traumbildern zu; nur im Erwachen haben wir ein empirisches Kriterium zur Unterscheidung zwischen Phantasmen und realen Objekten. Leben und Träumen unterscheiden sich demnach wie konzentriertes und zerstreutes Lesen in ein und demselben Buch. Kants transzendentale Analytik hat in Schopenhauers Lesart also zum Resultat die Erkenntnis der „traumartigen Beschaffenheit der ganzen Welt". Kants Kritik prozediere als Demontage der „Maschinerie unsers Erkenntnisvermögens, mittelst welcher die Phantasmagorie der objektiven Welt zustande kommt". Folglich spricht alle vorkritische Philosophie, die nicht sieht, daß das Leben wie ein Traum strukturiert ist, noch selbst wie im Traum. Ein Schleier der Maja ist „diese sichtbare Welt, in der wir sind, ein hervorgerufener Zauber, ein bestandloser, an sich wesenloser Schein, der optischen Illusion und dem Traume zu vergleichen, ein Schleier, der das menschliche Bewußtsein umfängt, ein Etwas, davon es gleich falsch und gleich wahr ist zu sagen, daß es sei und daß es nicht sei."[65] Die extremste Fassung dieses Gedankens findet sich dann im großartigen 54. Paragraphen der *Fröhlichen Wissenschaft* unter dem Titel *Das Bewußtsein vom Scheine*. In genauer Antithese zur romantischen Auffassung, daß, wer träume zu träumen, dem Erwachen nahe sei, heißt Erkenntnis für Nietzsche, mitten im Lebenstraum zu erwachen „zum Bewußtsein, daß ich eben träume und daß ich weiterträumen *muß*, um nicht zu Grunde zu gehen: wie der Nachtwandler weiterträumen muß, um nicht hinabzustürzen."

64 Nietzsche, S. W. Bd. 8, S. 575.
65 Schopenhauer, S. W. Bd. I, S. 567.

Als meine Vorstellung ist die Welt umschleiert vom Trug-Werk der Maja – in kantianischem Klartext heißt das: Die objektive Welt ist deshalb nur eine Phantasmagorie, weil die reinen Formen der sinnlichen Anschauung nicht Formen des Realen selbst sind. Diese apriorischen Möglichkeitsbedingungen von Vielheit, also Zeit und Raum, nennt Schopenhauer mit einem scholastischem Terminus *principium individuationis*, und alle Erkenntnis a priori subsumiert er dem Satz vom Grund. Zeit und Raum, Kausalität und Erscheinung bilden den Schleier der Maja, das Gefängnis aus Schein. Das Reale zeigt sich für Schopenhauer nur in dem ungeheuren Entsetzen, das den ergreift, der plötzlich und durch Zufall einmal an den Formen der Erscheinung irre wird. Das hat Nietzsche hellsichtig als Kernbestand des Schopenhauerschen Pessimismus erkannt: „sein entsetzter Blick in eine entgöttlichte, dumm, blind, verrückt und fragwürdig gewordene Welt, sein *ehrliches* Entsetzen.“[66]

Doch wie läßt sich dieses Grausen in Stärke verwandeln? Schopenhauer hat ja aus dem Schmerz der Erkenntnis nur die Anweisung zur nihilistischen Abwertung des Lebens überhaupt herausgehört. Dagegen will Nietzsche aus der Schärfe eben dieser Erfahrung Profil für eine affirmative Gegeninstanz gewinnen: Leopardi und Schopenhauer haben die Leiden der Menschen endlich wieder einmal ernst genommen – nun gilt es, auch die „Gegenmittel gegen diese Leiden“[67] einmal ernst zu nehmen. Das heißt aber zunächst, den Menschen alle Narkotika des Trostes wegzunehmen. So bereitet Nietzsches Kritik der religiösen und metaphysischen Betäubungsmittel eine Apologie der ästhetischen Stimulantien des Lebens vor. Deshalb heißt es programmatisch: „Meine Philosophie – den Menschen aus dem *Schein* herauszuziehen auf *jede* Gefahr hin!“[68] Nur wer aus der Verblendung heraustritt, den Schleier der Maja durchdringt, erkennt – nicht das Reale, sondern – die Macht des Scheins. Nur wer aus dem Schein heraustritt, kann zum Herrn des Scheins werden. Nietzsche geht es letztlich um eine Emanzipation der Verstellungskunst des Intellekts aus dem Dienstverhältnis der Selbsterhaltung zur souveränen ästhetischen Praxis. In solchen Saturnalien des freien Geistes lägen die wahren Gegenmittel gegen jene Leiden.

Den Menschen aus dem Schein herausziehen heißt also zunächst einmal: ihn die Wirklichkeit des Scheins lehren. Diese Lehre stellt die Hegelsche vom Kopf auf die Füße. Nicht das Wesen erscheint, sondern der Schein wird zum Wesen. Der Weg von Hegel zu Nietzsche

---

66 Nietzsche, S. W. Bd. 3, S. 602.
67 A. a. O., S. 56.
68 Nietzsche, S. W. Bd. 9, S. 620.

führt nur über die ungeheure Anstrengung der Einsicht, „daß unsäglich mehr daran liegt, *wie die Dinge heißen*, als was sie sind. Der Ruf, Name und Anschein“ wird einem Ding „übergeworfen wie ein Kleid“ – bald ist es ihm „an- und eingewachsen und zu seinem Leibe selber geworden.“[69]

So erzählt Nietzsches Genealogie des Willens zur Wahrheit die Geschichte des längsten Irrtums. Bekanntlich endet sie damit, daß das ‚wahre Welt‘ genannte Phantasma endlich zur Fabel wird. Doch sie beginnt mit der Fabel von der Erfindung des Erkennens: „In irgend einem abgelegenen Winkel des in zahllosen Sonnensystemen flimmernd ausgegossenen Weltalls gab es einmal ein Gestirn, auf dem kluge Thiere das Erkennen erfanden. Es war die hochmüthigste und verlogenste Minute der ‚Weltgeschichte‘: aber doch nur eine Minute. Nach wenigen Athemzügen der Natur erstarrte das Gestirn, und die klugen Thiere mussten sterben.“[70] Dieses Bild eröffnet Nietzsches Studie *Ueber Wahrheit und Lüge im aussermoralischen Sinne.* Stillschweigend zitiert es den Anfang des 1844 erschienenen zweiten Bandes der *Welt als Wille und Vorstellung*; Schopenhauer resümiert dort als Kontrastfolie zur idealistischen Grundansicht den profanen Kernbestand empirischen Wissens: „Im unendlichen Raum zahllose leuchtende Kugeln, um jede von welchen etwan ein Dutzend kleinerer beleuchteter sich wälzt, die, inwendig heiß, mit erstarrter, kalter Rinde überzogen sind, auf der ein Schimmelüberzug lebende und erkennende Wesen erzeugt hat – dies ist die empirische Wahrheit, das Reale, die Welt.“[71]

Dieses radikal desillusionierende und schockierende Bild der Welt malt Schopenhauer aber nur deshalb in so krassen Farben, um die Menschen desto effektvoller durch die idealistische Grundeinsicht vom Absolutismus des Realen zu entlasten. Die schreckliche Welt der empirischen Wissenschaften verschwindet vor der Einsicht, daß sie je *meine Vorstellung* ist: Diese Welt hängt am Fädchen des Bewußtseins, das Objektive ist die Form einer Gehirnfunktion. Nietzsche nun verschärft Schopenhauers Konzeption dadurch, daß er auf die Gegenwelt von Ding an sich qua Wille und die Möglichkeit einer Erkenntnis aus dem Innern der Dinge verzichtet. Er verzichtet damit prinzipiell auf die metaphysischen Trostmittel und sucht das wahre Gegenmittel gegen das Leiden im Schleier der Maja selbst. Es ist nur eine andere Formulierung desselben Sachverhalts, wenn wir sagen: Nietzsche nutzt den Schrecken des kopernikanischen Sturzes aus dem Mittel-

---

69 Nietzsche, S. W., Bd. 3, S. 422.
70 Nietzsche, S. W. Bd. 1, S. 875.
71 Schopenhauer, S. W. Bd. II, S. 11.

punkt der Welt ins X, um das Denken vom Phantasma einer wahren Welt überhaupt zu befreien. Deshalb beschreibt die Fabel von der Erfindung des Erkennens die Erde nicht als Weltmittelpunkt, sondern als „abgelegenen Winkel“ und ridikülisiert das Pathos eines Denkens, das in sich das „Centrum dieser Welt fühlt“, durch den Aufweis, „wie kläglich, wie schattenhaft und flüchtig, wie zwecklos und beliebig sich der menschliche Intellekt innerhalb der Natur ausnimmt.“[72] Die Geschichte des menschlichen Intellekts dauert nur eine kosmische Minute. Nietzsche entzaubert das *animal rationale* als „kluges Tier“, das eine lebenserhaltende Erfindung gemacht hat, die man Erkennen nennt – der Mensch hat nicht den *logos* und er sucht nicht von Natur nach Wissen, sondern ist ein verlogenes Metapherntier. Denn erkennen heißt lügen. Und eine der schneidensten außermoralischen Wahrheiten über die Wahrheit besagt, daß sie sich in der gesellschaftlichen Verpflichtung formiert, „nach einer festen Convention zu lügen“; sie ist nichts als eine soziale Bezeichnungskonvention. Gerade weil der Mensch aus dem Mittelpunkt der Welt ins X gestürzt ist, organisiert er den Willen zur Wahrheit, die ihm – gleichsam als Ersatz für die unwiederbringlich verlorene zentrale Stellung im Kosmos – die richtige „Weltperception“ bringen soll. Doch Nietzsches Wahrheit über die Wahrheit spricht ernüchternden Klartext: Wahrheit ist anthropomorphistisch, und weil der Mensch ein Metapherntier ist, ereignet sich im sogenannten Wahrheitsgeschehen reine Metaphorizität. Jene Erfindung, die man Erkennen nennt, zielt also auf „die Metamorphose der Welt in den Menschen.“[73]

Die wissenschaftliche Wahrheit schützt den Menschen vor der Wahrheit des Menschen; sie ist ein Apotropaion, das den Blick vom Grauen der Natur und vom mörderischen Grund des Menschen ablenkt. Von Anfang an funktioniert Wissenschaft als Mittel der Selbstbetäubung. Und wenn der berühmte erste Satz der Aristotelischen Metaphysik behauptet, alle Menschen strebten von Natur aus nach Wissen, so erklärt Nietzsche dieses Streben aus dem Schutzbedürfnis jener „unglücklichsten delikatesten vergänglichsten Wesen“, die den Intellekt als „Verstellungskunst“ im Dienste der Selbsterhaltung kultivieren. Was die metaphysischen Begriffe vom Menschen stolz als dessen „Trieb zur Wahrheit“ feiern, bleibt wie dieser eingeschlossen ins „Bewußtseinszimmer“, das hermetisch gegen den Schrecken des Realen abgedichtet ist. Der Wille zum Wissen, Motor abendländischer Rationalität, bleibt „tief eingetaucht in Illusionen und Traumbilder.“[74]

---

72 Nietzsche, S. W. Bd. 1, S. 875.

73 A. a. O., S. 883.

74 A. a. O., S. 876 f. – Vgl. hierzu auch S. W. Bd. 3, S. 417, über Erkenntnis als das höchste Mittel, in der Welt eine „Allgemeinheit der Träumerei“ zu stabilisieren.

Wenn Nietzsche die Aufgabe seiner Philosophie so bestimmt, den Menschen auf jede Gefahr hin aus dem Schein herauszuziehen, zielt diese Aufklärung also nicht auf eine Befreiung vom Schein, sondern auf den freien Schein. Er unterscheidet zwischen Täuschungen, die den Menschen schaden – gegen diese richtet sich die gesellschaftliche Forderung der Wahrhaftigkeit –, und Täuschungen, die als Stimulantien des Lebens wirken. In den Saturnalien des Intellekts spielt die freie Lüge souverän mit den Elementen des wahren Diskurses. In der schadenlosen Täuschung erwacht das künstlerisch schaffende Subjekt im Menschen, „verrückt die Gränzsteine der Abstraktion, [...] redet in lauter verbotenen Metaphern und unerhörten Begriffsfügungen" und nimmt „das zum Schein und zur Schönheit verstellte Leben als real."[75]

Formelhaft ließe sich sagen: Nietzsche bonisiert Descartes' *genius malignus* zum Weltkünstler. Nur daß nun das *cogito* nicht mehr aus der totalen Weltungewißheit rettet – vielmehr ist „die *Irrthümlichkeit* der Welt"[76] selbst die einzige Gewißheit. Nietzsche lehrt ja gerade das Mißtrauen gegen ein Denken, das sich anmaßt, einen Trug der Sinne korrigieren zu können. Nichts berechtigt uns nämlich, eine Tatsache als Wirklichkeit einer anderen als Schein gegenüberzustellen – beide sind nur verschieden bedingte, unterschiedliche Zusammenhänge der Elemente. So unterscheidet sich das Wachen vom Traum nur durch größere Regelmäßigkeit der Beziehungen. Schon 1868 hat Ernst Mach daraus den Schluß gezogen, „daß die Sinne weder falsch noch richtig zeigen." Schein von Wirklichkeit zu unterscheiden hat demnach keinen wissenschaftlichen, sondern allenfalls einen praktischen Sinn. So kann Mach dann in den *Antimetaphysischen Vorbemerkungen* seiner *Analyse der Empfindungen* Platons Höhlengleichnis, das Paradigma der Schein-Wirklichkeit-Unterscheidung, als nicht zu Ende gedachte Fiktion für die nihilistische Weltabwertung verantwortlich machen: „Die Welt, von der wir doch ein Stück sind, kam uns ganz abhanden, und wurde uns in unabsehbare Ferne gerückt."[77]

Vor dem Hintergrund dieser Überlegungen verliert jene Gewißheit von der Irrtümlichkeit der Welt ihren Schrecken: Irrtümer sind die Baumaterialien menschlicher Weltfestigkeit. Das Erkennen trifft also nicht unvermittelt auf Dinge, sondern immer schon auf eine durch Scheinbarkeiten zugerichtete Welt: Schein, der sich als lebenserhal-

---

75 A. a. O., S. 888 f.

76 Nietzsche, S. W. Bd. 5, S. 52. – Nicht anders sieht es heutige Erkenntnistheorie; vgl. H. R. Maturana, „The Biological Foundations of Self Consciousness", S. 55: „Our incapacity to distinguish experimentially between what we commonly call illusion, hallucination or perception, is constitutive in us as living systems, and not a limitation of our present state of knowledge."

77 Mach, Die Analyse der Empfindungen, S. 8 f.

tend bewährt hat, verfestigt sich zur Weltgegenständlichkeit. Wahrheit ist demnach nichts als eine Konstellation von Irrtümern, die nach Maßgabe ihrer Einverleibtheit durch ein Dominanzprinzip geordnet sind. Der lebensnotwendigste Irrtum ist die unerschütterlichste Wahrheit. Der Mensch erbaut seine Welt aus Irrtümern, die er dann im Prozeß der Erkenntnis, die ganz und gar in diesem Schein fundiert ist, fortschreitend verfeinert. „Die Welt ist also für uns die Summe der Relationen zu einer beschränkten Sphäre irriger Grundannahmen. [...] Erkenntniß ist wesentlich *Schein.*“[78] So bilden Wahrheit und Irrtum für Nietzsche keine bündige Disjunktion, sondern sind durch „Grade des Scheins“ vermittelt.

Einverleibung des Scheins als Lebensbedingung – man muß diese Formel als Konsequenz von Nietzsches erkenntnistheoretischem Perspektivismus begreifen. Was die menschliche Erfindung Erkennen stolz als Wahrheit preist, ist für Nietzsche prinzipiell perspektivisch, d. h. gebunden an eine unaufhörliche Projektion von Werten und Qualitäten. Die Frage nach dem Wesen eines Dings setzt in es perspektivisch einen Sinn. Für Nietzsche gibt es deshalb nicht mehr Wesen und Erscheinung, sondern nur noch das aus unterschiedlichen Schätzungen kombinierte werdende Phänomenale. Jede Perspektive ist eine dem Leib eingeschriebene Interpretation der Welt; das Subjekt zerfällt in Triebperspektiven, nach denen die Welt je in ihrem Wert abgeschätzt wird.

Einem Dasein, das prinzipiell interpretiert, was es dann Ereignis heißt, und einem Erkennen, das eigentlich ein triebbestimmtes perspektivisches Abschätzen von Werten ist, öffnet sich eine intensive Unendlichkeit der aktiven Interpretation: „die perspektivische innere Vielheit, welche selber ein Geschehen ist.“[79] Es kommt demnach darauf an, die Perspektive als essentiell zu begreifen – nicht mehr als Wahrnehmungsform eines an sich Seienden. Perspektivismus ist also die bestimmte Art und Weise, in der ein lebendiges Element agiert und reagiert, um so seine Welt darzustellen, indem es sie zugleich herstellt.

---

[78] Nietzsche, S. W. Bd. 9, S. 312. – Nietzsches Perspektivismus der Weltinterpretation kehrt heute im sog. Konstruktivismus machtvoll wieder; man erforscht die Naturgeschichte der Selbstreferenz und begreift das Weltverhältnis des Menschen als Blick in einen Spiegel, der uns lediglich zeigt, welches Handeln möglich und welche Erfahrung lebensfähig ist. Francisco Varela, „Der kreative Zirkel“, S. 308, betont „die eigentliche *Grundlosigkeit* unserer Erfahrung, in der uns gewisse Regelmäßigkeiten und Interpretationen gegeben sind, die aus unserer gemeinsamen Geschichte als biologische und soziale Wesen entstanden. Innerhalb dieser auf stillschweigender Übereinkunft beruhenden Bereiche gemeinsamer Geschichte leben wir in einer scheinbar endlosen Metamorphose von Interpretationen, die einander ablösen.“

[79] Nietzsche, Die Unschuld des Werdens, Bd. II, S. 94. – Vgl. hierzu Heidegger, Nietzsche Bd. I, S. 246–249.

Das, was man Sein des Subjekts nennt, ist ein Kraftzentrum, das alles, was nicht es selber ist, in seiner Perspektive ordnet. Demnach ist das Sein der Welt genau das, was Metaphysik seit je als bloßen Schein denunzierte: das Perspektivische der vielen subjektiven Kraftzentren, welche die Phänomene vor einem Horizont konstituieren, den wir Welt nennen. Und in der „Umkehrung des perspektivischen Blicks" erscheint „als Horizont-Linie"[80] das Subjekt – metaphysischer Name für den Schnittpunkt perspektivischer Linien. Nietzsche erinnert nun dieses Subjekt an seine ästhetische Kraft – eben die lebenserhaltenden Perspektiven zu den Dingen festzustellen: eine Welt aus Irrtum und Schein zu bauen.

So wie vom Menschen nichts übrig bliebe, wenn man ihn ohne den Trieb zur Metaphernbildung denken wollte, so bleibt auch von der Welt nichts übrig, wenn man das Perspektivische abrechnet. Akte der Wertabschätzung formieren die Scheinbarkeiten, in denen Leben allein möglich ist, denn erst der Schein macht das Leben berechenbar. Deshalb sieht Nietzsche in der uns so selbstverständlichen Auffassung, die Wahrheit sei mehr wert als der Schein, nur ein „moralisches Vorurteil". Denn warum Wahrheit? Ich will (mich) nicht täuschen (lassen)! Nicht täuschen wollen, sich die Lüge verbieten, heißt aber moralisch sein. So affirmiert der Wille zur Wahrheit, hinter dem eigentlich nur die Angst steht, durch Betrug Schaden zu erleiden, eine moralische Welt, die der naturgeschichtlichen Welt eines ästhetisch projizierenden, metaphorischen – also: lügenhaften Lebens transzendent ist. Nietzsches philosophische Aufgabe, den Menschen auf jede Gefahr hin aus dem Schein herauszuziehen, läßt sich nun weiter präzisieren: Es geht ihm darum, das moralische Vorurteil vom unbedingten Wert der Wahrheit zu brechen. Gerade um die Möglichkeit einer ästhetischen Wiederverzauberung vorzubereiten, treibt er die Entzauberung der Welt ins Extrem: Was man als Wahrheitsgeschehen angesehen hat, ist nur ein Kampf von Vorstellungen um die Herrschaft; alle Werte sind vergessene Interpretationen, aller Sinn ist Perspektive einer Kraft. Nicht nur Schein und Sein, sondern auch wahr und falsch sind demnach imaginäre Disjunktionen. An die Stelle jenes moralischen Vorurteils tritt ein ästhetisches Programm: „Genügt es nicht, Stufen der Scheinbarkeit anzunehmen und gleichsam hellere und dunklere Schatten und Gesammttöne des Scheins – verschiedene valeurs, um die Sprache der Maler zu reden? Warum dürfte die Welt, die uns etwas angeht –, nicht eine Fiktion sein?"[81]

---

[80] Nietzsche, S. W. Bd. 12, S. 91.

[81] Nietzsche, S. W. Bd. 5, S. 53 f. – Nietzsches „Stufen der Scheinbarkeit" denken die „Generationsabfolge des Scheins", die Theunissen, Sein und Schein, S. 218, für

Der perspektivische Horizont aus Scheinbarkeit umgrenzt meine Realität. Nietzsche entlarvt also nicht die Realität als bloß scheinbar, sondern affirmiert den Schein als einzige Realität. Zur Welt kommen wir nicht, indem wir den Schleier der Maja zerreißen, sondern indem wir den Schein steigern. So wie der Schein für Nietzsche nicht der Gegensatz zur Realität ist, sondern diese selbst, so liegt auch die höchste Wahrhaftigkeit nicht im Widerstand gegen die Lüge, sondern in der Einsicht, daß man immer lügt, d. h. dichtet. Nun wird aber auch klar, was die notorische Formel „Wille zur Macht" eigentlich besagt: Weil Schein die einzige Realität ist, soll die Benennung „Wille zur Macht" den Widerstand gegen jeden Versuch anzeigen, diese Realität aus Schein wieder in eine „wahre Welt" zu verwandeln. Unsere Welt aus Schein ist eben keine scheinbare Welt, sondern real. Und das Fabelwerden der wahren Welt am Ende jener Geschichte des längsten Irrtums schafft auch die scheinbare ab; es eröffnet einen Spielraum für Menschen, die ihre Welt dichten können, weil sie sich, befreit vom Vorurteil der Wahrheit, wieder ihrer ästhetischen Kräfte erinnert haben.

Nun wird eine letzte Präzisierung von Nietzsches philosophischer Aufgabe möglich: Die Menschen aus dem Schein herausziehen heißt ihnen die Illusion rauben, der Wille zur Wahrheit befreie vom Schein. Denn wer gegen die Simulakren kämpft, verfällt dem Simulakrum der Wahrheitsliebe. Pierre Klossowski hat das am Schicksal des Proto-Aufklärers Aktaion wunderbar deutlich gemacht – er verfällt dem Mythos der nackten Wahrheit. Der philosophische Wille, die nackten Tatsachen zu sehen, wird selbst zum dichtesten Schleier: „*Sur Diane dévoilée* il avait jeté le voile même de la *nudité*. [...] Lui qui refusait le simulacre immortalisait son amour de la vérité."[82]

Hegel aufgewiesen hat, ohne Bezug auf ein Wesen, das erschiene; was man Wesen nennt, ist nichts als Emergenz der Selbstaufstufung von Schein. Es liegt deshalb nahe, Nietzsches horizontabschließenden Mythos von der Ewigen Wiederkehr selbst in eine „Stufenfolge der Phantasmagorien" des 19. Jahrhunderts einzuordnen, wie Walter Benjamin (vgl. den Brief an Max Horkheimer vom 13.3.1939) das in seinen Baudelaire-Studien versucht hat. Allerdings glaubt Benjamin immer noch, die aufgefundenen Formen von Schein mit „Wirklichkeit" methodisch konfrontieren zu können – also an die Möglichkeit einer „kritischen" Theorie. Sie entfällt, sobald das Prinzip des gestuften Scheins den Wirklichkeitsbegriff selbst bestimmt; das hat wohl erstmals Pascal in seinem Begriff der *gradation* gedacht: „Hier ist Schein hinter Schein gelagert, ohne daß ein fester Grund sichtbar würde." – Blumenberg, „Das Recht des Scheins", S. 421.

[82] Klossowski, Le bain de Diane, S. 101, 105. – Im *Zarathustra* wendet sich die Weisheit mit dem Narzißmus der kleinsten Differenz gegen das Leben, weil das Beste der Weisheit selbst nichts anderes ist, als das Geheimnis des Lebens selbst. Daher rührt die unbedingte Positivität der Nietzscheschen Begriffe von Verschleierung, Verführung und Veränderlichkeit: „verführerisches Goldaufblitzen am Bauch der Schlange *vita*!" –

Das Schicksal des mythischen Jägers Aktaion, der Diana nackt beim Bade sehen will, ist lehrreich für alle, die Wahrheit immer hinter dem Schleier suchen. Der Topos der nackten Wahrheit durchzieht die Philosophiegeschichte: Entschleierung des Lebendigen um seiner Wahrheit willen. Der Jäger wird dabei von seinen eigenen Jagdhunden zerrissen. Dies Bild des Zerrissenwerdens im Augenblick des Anblicks von Wahrheit zeigt deren Todesindex. Tod und Wahrheit: auf der einen Seite das Todbringende der Wahrheit, auf der anderen der Schleier, der über diese Wahrheit gedeckt ist – der Schleier, den Nietzsche dem Leben selber zuspricht. Das Bild nährt den Verdacht, daß das Leben, von dem Aufklärung den Schleier genommen hat, gar nicht mehr lebt.

Klossowskis Lesart des Aktaion-Mythos, die die Fragen nach dem Weib und der Wahrheit ineinander spiegelt, folgt Nietzsches Spur. Die ersten Sätze, die dessen Philosophie der Zukunft präludieren und die genealogische Methode ankündigen, lauten: „Vorausgesetzt, dass die Wahrheit ein Weib ist –, wie? ist der Verdacht nicht gegründet, dass alle Philosophen, sofern sie Dogmatiker waren, sich schlecht auf Weiber verstanden? – dass der schauerliche Ernst, die linkische Zudringlichkeit, mit der sie bisher auf die Wahrheit zuzugehen pflegten, ungeschickte und unschickliche Mittel waren, um gerade ein Frauenzimmer für sich einzunehmen?“[83] Nietzsche aber – *Ecce homo* bekundet es stolz – kennt die Weiblein; nicht zuletzt durch den notorischen Zuspruch jenes alten, das Zarathustra zur Peitsche geraten hat. Vergiß die Peitsche nicht, denn die Frauen, veritable Raubtiere, wollen zerreißen. Auch deshalb stilisiert sich der späte Nietzsche als der Gott des Zerrissenwerdens. „Der Zauber und die mächtigste Wirkung der Frauen ist, um die Sprache der Philosophen zu reden, eine Wirkung in die Ferne, eine actio in distans: dazu gehört aber, zuerst und vor Allem – *Distanz*!“[84] Gemeint ist jenes Spiel der Ent-Fernung (Heidegger), das in der Distanzierungsbewegung selbst die Ferne schwinden macht; jenes Spiel einer reinen Oberflächlichkeit, die sich aus Scham in eine erfundene Tiefe hüllt – mit einem Wort: die Welt der Schleiereffekte.

Ich bin, der ich bin – wie komme ich von mir los? Auf diese verzweifelte Frage des untergehenden abendländischen Subjekts, das seine letzte Energie in eine bitterböse Parodie des Jahwe-Wortes investiert, antwortet das Simulakrum des Weiblichen: die Nichtidentität *Der* Frau. Weib ist Nietzsches Name für die Nichtwahrheit der Wahr-

---

S. W. Bd. 12, S. 348. Doch was hat der Schleier mit Verführung, was mit Wahrheit zu tun? Jedes Verdecken durch einen Schleier erzeugt den primären Wahrheitseffekt, denn er suggeriert, etwas sei dahinter, um das es in Wahrheit gehe.

[83] Nietzsche, S. W. Bd. 5, S. 11.

[84] Nietzsche, S. W. Bd. 3, S. 425.

heit, denn es gibt keine Wahrheit der Frau. Jacques Derrida hat das auf die Formel einer Kastration *in suspenso* gebracht: „La distance féminine abstrait d'elle-même la vérité en *suspendant* le rapport à la castration."[85]

Der Mann steht im Register von Wahrheit, Kastration, Über-Ich und Name-des-Vaters – des Vaters, dessen *nom/non* dem Subjekt das Gesetz auferlegt. Dagegen das Weib: eine Artistin der reinen Oberfläche, Künstlerin der Lüge, Herrscherin in der Welt von Schein und Schleier, die ‚flach' nur nennen kann, wer einmal an ihre ‚Tiefe' glaubte. Nietzsches Weib ist wild, veränderlich, verführend, und ihr Arkanum liegt im Spiel mit dem Schein des Unergründlichen. *Das* Weib gibt es so wenig wie *Die* Wahrheit. „Vielleicht ist die Wahrheit ein Weib, das Gründe hat, ihre Gründe nicht sehn zu lassen? Vielleicht ist ihr Name, griechisch zu reden, Baubo?... Oh diese Griechen! Sie verstanden sich darauf, zu *leben*: dazu thut Noth, tapfer bei der Oberfläche, der Falte, der Haut stehen zu bleiben, den Schein anzubeten, an Formen, an Töne, an Worte, an den ganzen Olymp des Scheins zu glauben! Diese Griechen waren oberflächlich – *aus Tiefe*!"[86]

Die Wahrheit ist ein Weib, dem nichts an der Wahrheit liegt. Weib und Wahrheit lieben den Befehlenden, der nimmt. Krieg, Liebe und Erkennen sind deshalb für Nietzsche nur verschiedene Namen desselben Schauplatzes von Raub, Eroberung und Fesselung. So ist Zarathustras Peitsche nicht Instrument der Züchtigung, sondern Emblem eines Spiels von Gabe und Nahme, das man als sexuelle Beziehung zu verkennen beliebt. Über den Ursprung der Gabe aus den Effekten des Schleiers heißt es in einem Aphorismus über das Problem des Schauspielers: „Man denke über die ganze Geschichte der Frauen nach, – *müssen* sie nicht zu allererst und -oberst Schauspielerinnen sein? Man höre die Aerzte, welche Frauenzimmer hypnotisirt haben; zuletzt, man liebe sie, – man lasse sich von ihnen ‚hypnotisiren'! Was kommt immer dabei heraus? Dass sie ‚sich geben', selbst noch, wenn sie – sich geben.... Das Weib ist so artistisch."[87]

Weibliche Artistik ist also das Sichgeben im Sichgeben – Urmodell der Hingabe, in der sich das ‚Es gibt' gibt, indem es sich entzieht. Unter dem Titel ‚Gabe' exponierbar ist das Weib also einmal, weil es sich zum Geschenk macht, zum anderen, weil es sich gibt – im Sinne des Schauspielerischen und Trügerischen. Die weibliche Gabe ist aber niemals gegeben. Und offenbar besteht das Suggestive und Verführerische des Weibes gerade darin, auf die Frage *ti esti* keine Antwort zu

[85] Derrida, Éperons, S. 47.
[86] Nietzsche, S. W. Bd. 3, S. 352.
[87] A. a. O., S. 609.

geben; kein Wesen zu haben. Frauen stehen nicht etwa auf der Seite des Falschen und der Dummheit; vielmehr verkörpern sie den großen Zweifel an der Nützlichkeit der Wahrheit für das Leben. Die Geschlechterdifferenz ist Nietzsche gerade gut genug, um den Antagonismus von Erkenntnis und Kunst, Aufklärung und Erlösung im Schein zu verkörpern: Der Mann steht für die Nahme und den kriegerischen Willen zum Wissen, die Frau für die Gabe und das Spiel des Betrugs. „Nichts ist von Anbeginn an dem Weibe fremder, widriger, feindlicher als Wahrheit, – seine grosse Kunst ist die Lüge, seine höchste Angelegenheit ist der Schein und die Schönheit.“[88]

Demnach ist die Natur des Weibes ‚natürlicher‘ als die des Mannes. Nietzsche hatte ja schon in seinen frühen erkenntnistheoretischen Überlegungen davon gesprochen, daß die Menschen so unentrinnbar in Schein getaucht sind, daß ihr Erkennen nichts weiß vom Schrecken des Realen und nur „ein tastendes Spiel auf dem Rücken der Dinge“ ist. Der Mensch „auf dem Rücken eines Tigers in Träumen hängend“ – so hat ihn Nietzsche gezeichnet. Der Mann bringt es nur bis zur Deutung dieser Träume; die Frau hat noch Anteil am Naturgrund: „seine Tigerkralle unter dem Handschuh“[89] gibt das unüberbietbare Bild des Verhältnisses von Realem und Schein.

*

Der Schrecken des Realen – alles was Nietzsche unter Titeln wie ‚tragische Erkenntnis‘ und ‚Pessimismus der Stärke‘ gedacht hat, kreist um den traumatischen Schock als der einzigen Form, in der Menschen Bekanntschaft mit ungeschminkter Wirklichkeit machen. Am Anfang der Geschichte stehen „furchtbare [...] Urscenen“, und Natur ist ein finsterer Abgrund. Diese Schrecken mildert allein die Zauberkraft der Lust am Schein – deshalb bezeichnet Nietzsche die Kunst als die eigentliche metaphysische Tätigkeit; ihre Aufgabe ist es, „das Auge vom Blick in's Grauen der Nacht zu erlösen und das Subject durch den heilenden Balsam des Scheins“ zu retten. Kunst transfiguriert: Das Bild eines triumphierenden Daseins schiebt sich als „künstlerische *Mittelwelt*“ verhüllend vor die Schrecken der Existenz. Im Schönheitsspiegelstadium erscheint das zerstückelnde Werden als triumphal ganzheitliches Sein; die Lust des Scheins bricht den Schmerz des Seins.

Wie Vorder- und Rückseite einer Münze gehören in Nietzsches Denken die Lebenslust des Scheins und der Todestrieb der Erkenntnis

---

[88] Nietzsche, S. W. Bd. 5, S. 171.

[89] A. a. O., S. 178 und S. W. Bd. 1, S. 876 f.

zusammen. Die Kraft, diese Münze zu wenden, ist die Verwindung des Entsetzlichen, das sich der tragischen Erkenntnis zeigt. Das Schöne verhüllt das Erhabene; das Erhabene bändigt das Schreckliche – und das Schreckliche ist die Gorgo-Maske der Urszene. Physiologisch nachgerechnet, geht es hier um eine apollinische Medikation: Das Ästhetische ist die Droge, die dem Menschen verabreicht wird, um ihn überhaupt im Leben zu halten. Der schöne Schein verspricht Wahrheitsverschonung. Und wer weiß, was ihm als Wahrheit droht, ist sich am Schein genug. Diese Urerfahrung der ästhetischen Moderne hat Baudelaires Gedicht *L'amour du mensonge* festgehalten:

> *Mais ne suffit-il pas que tu sois l'apparence,*
> *Pour réjouir un cœur qui fuit la vérité?*
> *Qu'importe ta bêtise ou ton indifférence?*
> *Masque ou décor, salut! J'adore ta beauté.*

Nietzsches Artistenmetaphysik ist die Philosophie dieser Erfahrung. Hier verfugen sich erkenntnistheoretischer Perspektivismus, ästhetische Weltrechtfertigung und traumatische Erfahrung des Realen: „Alles Leben ruht auf Schein, Kunst, Täuschung, Optik, Nothwendigkeit des Perspektivischen und des Irrthums."[90]

Platons Kunstfeindlichkeit bietet hierzu die prägnante Antithese: Wenn der Weg zum Wahren durch das Wissen führt, hat es keinen größeren Feind als den schönen Schein. Das ist die Kontrastfolie von Nietzsches berühmter Selbstcharakteristik: „Meine Philosophie *umgedrehter Platonismus*: je weiter ab vom wahrhaft Seienden, um so reiner schöner besser ist es. Das Leben im Schein als Ziel." Diese Inversion des Platonismus denunziert den Willen zur Wahrheit als Todestrieb der Erkenntnis – Leben leuchtet im Glanz schöner Scheinbarkeiten.

Daß „im Hirn des Ertrinkenden" endogene Bilder des Glücks aufsteigen, ist das physiologische Urphänomen einer Lehre von der Schmerzlust: Untrennbar ist die höchste Lust vom höchsten Schmerz. Und auf eben dieses Zusammenspiel zielt ja schon das Götterbündnis von Apollo und Dionysos: Transfiguration in Schein und Auflösung des Scheins, dionysische Destruktion und apollinische Erlösung. Dabei stellt der Weg vom Schein zum Schein des Scheins keinen Verfall sondern eine Potenzierung dar. Deshalb ist – nach Maßgabe der Sehnsucht nach dem Schein – der Traum wertvoller als die Vorstellungen der empirischen Welt: Je scheinhafter der Schein, desto größer die Befriedigung der ästhetischen Begierde, desto heilkräftiger sein Apo-

---

[90] Nietzsche, S. W. Bd. 1, S. 18, 36, 125 f. – Vgl. hierzu Bolz, „Die Verwindung des Erhabenen", S. 163 ff.

tropaion. Daß Nietzsche ästhetische Phänomene immer wieder nach Analogie der Traumbilder deutet, hat eben hierin seinen Grund: „als *Abbilder des Abbildes* sind es die reinsten Ruhemomente des Seins. Das wahrhaft Nichtseiende – das Kunstwerk. [...] Das *Sein befriedigt sich im vollkommenen Schein.*“[91]

Im Begriff des *Wahrhaft-Nichtseienden* terminiert die Inversion des Platonismus. Nietzsches Artistenmetaphysik erzählt die Geschichte von der Erlösung des schrecklich Realen durch die reine Vision: „das Wahrhaft-Nichtseiende“ heilt „das Wahrhaft-Seiende“. Die vorstellungsmäßige Widerspiegelung des wahrhaft seienden schrecklich Realen, konstituiert einen „ersten Schein“, in dem das Leben zunächst und zumeist befangen ist. Die ästhetische Kraft läßt nun aus diesem ersten Schein eine „neue Scheinwelt“[92] aufsteigen, die – analog zum Traum – als Schein des Scheins erstrahlt: wahrhaft Nichtseiendes. So stufen sich in fortschreitenden Potenzierungen Vorstellung, Traum, Vision und apollinische Schönheit zu einer „Pyramide des Scheins“[93] auf. Errichtet auf dem furchtbaren Grund der Natur, reicht ihre Verzückungsspitze bis zur Erlösung im Unwirklichen, in der „Dauer des süßen Scheins“, die – wie es in G. Benns nietzscheanischstem Gedicht *Wo keine Träne fällt* heißt – dem Menschen die „Gesetze des Seins“ erläßt.

Doch nicht nur weil der Schein Balsam ist für den vom Blick auf den Schrecken des Realen versehrten Menschen, gilt Kunst als das wahrhaft Nichtseiende. Die Inversion des Platonismus subvertiert auch die antike These, daß die Dichter lügen. Die freie Lüge, die den Schein als Schein präsentiert, täuscht ja nicht – Kunst täuscht, ohne uns zu täuschen; der schöne Schein ist eine intransitive Lüge. Jenes Wahrhaft-Nichtseiende, das uns vom Schrecken des Wahrhaft-Seienden erlöst, ist Emergenz „der Kunst als des wahrhaftigen Scheines“. Die endogenen Bilder der ästhetischen Phantasie haben ja gar nicht den Anspruch, einer Realität zu entsprechen; sie tauchen uns in ein *Lustmeer* der Oberflächen und Formen. Wir wollen getäuscht werden, aber so – und das heißt: ästhetisch –, daß der Schein als solcher er-

---

[91] Nietzsche, S. W. Bd. 7, S. 199 f. – Walter Benjamin, G. S. Bd. I, S. 673, hat hier den Heroismus Baudelaires agnosziert: „im Herzen der Unwirklichkeit (des Scheins) zu leben.“

[92] Nietzsche, S. W. Bd. 1, S. 38 f. – Adorno, G. S. Bd. 7, S. 200, hat diesen Begriff des wahrhaft Nichtseienden dann in einer Modaldialektik des Ästhetischen aufgehoben: „Daß aber die Kunstwerke da sind, deutet darauf, daß das Nichtseiende sein könnte. Die Wirklichkeit der Kunstwerke zeugt für die Möglichkeit des Möglichen.“

[93] Nietzsche, S. W. Bd. 7, S. 334.

kennbar bleibt. „Kunst behandelt also den *Schein als Schein*, will also gerade *nicht* täuschen, *ist wahr*."[94]

Nietzsches Apologie des wahrhaftigen Scheins der Kunst knüpft offenbar an Motive Schillers an, etwa den 26. Brief über die *Ästhetische Erziehung des Menschen*. Dort unterscheidet Schiller den „aufrichtigen und selbständigen Schein" des Ästhetischen vom „falschen und bedürftigen Schein" dadurch, daß jener gänzlich auf Realitätsanspruch und –beistand verzichtet. Der spezifisch menschliche Raum eröffnet sich überhaupt erst im Interesse und der Freude am Schein – und das heißt: in der Suspension des Realitätsbezugs. Der Spielraum des ästhetischen Scheins tut sich jenseits der Wirklichkeit, aber diesseits der Wahrheit auf. Den Anspruch auf diese nicht ermäßigen, den Horizont von jener nicht transzendieren zu können, sind für Schiller die komplementären Gestalten einer Borniertheit im *Reellen*. Um den Spielraum des Scheins zu erschließen, bedarf es der „Energie [...], die andringende Materie von sich zu halten", sie von den Sinnen ‚hinwegzuwälzen'. Schiller versteht nun Auge und Ohr als distanzierende „Sinne des Scheins", die den Menschen von der Gewalt der Taktilität befreien. Die ästhetische Menschwerdung des Menschen emanzipiert ihn „von der Realität zum Scheine" genau in dem Maße, als ihn Taktilität, die unmittelbare Berührung des Realen, im Bann der Natur als einer fremden Macht hält.[95]

Nur im Spielraum des autonomen Scheins ist der Mensch ganz Mensch – Nietzsches Wiederholung dieser Einsicht rechnet sie psychologisch nach und schärft sie in der Frage nach dem Ausmaß an Wahrheit, das ein Mensch ertrage. Die Macht des Scheins macht nicht nur den Menschen zum Menschen, sondern hält ihn, Aug in Aug mit dem Schrecken des Realen, am Leben. Nur eine rigorose Ästhetisierung der Existenz macht es möglich, sich dem Todestrieb der Erkenntnis zu überlassen, ohne die Welt zu verneinen. So steigert Nietzsche Schillers Spiel des ästhetischen Scheins zum „Cultus des Unwahren": „Als ästhetisches Phänomen ist uns das Dasein immer noch *erträglich*, und durch die Kunst ist uns Auge und Hand und vor Allem das gute Gewissen dazu gegeben, aus uns selber ein solches Phänomen machen zu *können*."[96]

---

[94] A. a. O., S. 632 f. – Adorno denkt also ganz in der Spur Nietzsches, wenn er – G. S. Bd. 7, S. 417 f. – den Wahrheitsanspruch der Kunst an die Sabotage des Realitätsanspruchs der bürgerlichen Welt durch die ästhetische „Selbstsetzung des Scheins" knüpft.

[95] Schiller, S. W. Bd. 5, S. 656–659.

[96] Nietzsche, S. W. Bd. 3, S. 464.

3. Felix Fallax

In seiner berühmten Rede über den Beruf zur Wissenschaft hat Max Weber den Sachverhalt, den man heute Ausdifferenzierung der Wertsphären nennt, als einen Götterkampf beschrieben, in den der einzelne nicht durch wissenschaftliche Einsicht, sondern nur durch persönliche Entscheidung eingreifen könne. Dieser Kampf der Wertordnungen pointiert, daß etwas heilig sein kann, weil es nicht schön ist, daß etwas schön sein kann, gerade insofern es nicht gut ist – und daß etwas wahr sein kann, obwohl es weder schön noch gut oder heilig ist. Man habe zu wählen.

Baudelaires *fleurs du mal* und Nietzsches Schonung des Bösen zeigen, daß sich der Götterkampf der Wertsphären im Konfinium von Ästhetischem und Ethischem zuspitzt: Sittlichkeit oder Artistik. Im Entweder/Oder der Fragestellung fällt aber schon eine Vorentscheidung, denn es erfragt sich selbst. Die Kierkegaard-Formel ist ja eine Abbreviatur der Frage: Entweder stelle ich mein Leben unter die Frage Entweder/Oder (ethische Entscheidung) – oder nicht (Ästhetentum). Die bündige Disjunktion liefert Präparate, die es der philosophischen Ästhetik dann ermöglichen, eine Autonomie der Kunst zu konstruieren. Paradigmatisch dafür steht Adornos ästhetische Theorie, deren Pointe darin besteht, daß sie das Kierkegaardsche Drei-Stadien-Schema umstülpt und das Ästhetische als Sphäre der ‚Rettung' von Religiösem und Ethischem konstruiert. Nur scheinbar reduziert sich der ethische Anspruch auf Minima Moralia – die großen Themen der Ethik perennieren im ästhetischen Inkognito. So erweist sich die Philosophie der autonomen Kunst als Spätform des *ästhetischen Sokratismus*. In dieser Formel resümierte die *Geburt der Tragödie* jene moralisierenden Tendenzen, die die ästhetische Dionysie subvertierten: die Verständigkeit des Schönen und die Tugendhaftigkeit des Wissens. Schon das antike Gesamtkunstwerk ging ja am kritisch-rationalen Prinzip der verständigen Rede zugrunde – seither gibt es auch keine echt *ästhetischen* Zuschauer mehr, sondern nur noch *moralisch* Genießende.

Vom ästhetischen Sokratismus bis zur autonomen Kunst erstreckt sich die Moderne, die Nietzsche bekämpft. Den entscheidenden Angriff führt er in seiner rigorosen Reduktion von Ethik auf Ästhetik. Erst aus der Perspektive der Kunst wird Moral überhaupt als Problem sichtbar. Wie die Kunst nämlich stellt die Moral Bilder des Menschen auf; sie wirken als konditionierende *patterns*. Moralische Urteile entzaubert Nietzsche als eine trügerische Zeichensprache physiologischer Zustände. Moralische Phänomene gibt es nicht; moralisch heißt nur die Interpretation bestimmter Leibestatsachen, die Deutung der Herrschaftsverhältnisse, unter denen entsteht, was man Leben nennt. „Das moralische Urtheil ist insofern nie wörtlich zu nehmen: als solches enthält es immer nur Widersinn. Aber es bleibt als *Semiotik* unschätzbar.“[97] Die moralische Absicht einer Handlung wird also nur als Zeichen und Symptom verstanden, das eine Auslegung fordert; gerade in ihrer Bewußtheit wird die Absicht zum blinden Fleck der Handlung.

Doch was gibt Nietzsche die Kraft, die Moral zu entzaubern? Er versteht sich nicht als Kritiker der Moral, sondern als Agent ihrer Selbstüberwindung. Immer wieder vergegenwärtigt sich Nietzsche seine große genealogische Destruktionsarbeit in dieser Denkfigur: Er ist nicht Kritiker des Christentums, sondern dieses überwindet sich in Nietzsche als Typus; er ist nicht der Kritiker Wagners, sondern er verwindet ihn in sich – der Genealoge ist eine lebendige Versuchsanordnung; nicht der Sprengmeister, sondern das Dynamit. Damit wird auch verständlich, warum Nietzsche kein Autor, sondern ein Schicksal ist: Er tritt das volle Erbe der europäischen Moralentwicklung an und weiß, daß sich die Feinheit des freien Geistes den Torturen einer langen moralistischen *Gewissens-Vivisektion* verdankt. Im Medium Nietzsche vollzieht sich „die Selbstaufhebung der Moral“. Eine „letzte Moral“ rigoroser Redlichkeit heißt ihn, aller Moral zu mißtrauen: „allein als Menschen *dieses* Gewissens fühlen wir uns noch verwandt mit der deutschen Rechtschaffenheit und Frömmigkeit von Jahrtausenden, wenn auch als deren fragwürdigste und letzte Abkömmlinge, wir Immoralisten, wir Gottlosen von heute, ja sogar, in gewissem Verstande, als deren Erben, als Vollstrecker ihres innersten Willens.“[98] Die Größe der europäischen Moral zeigt sich also gerade in der Kraft ihrer Selbstvernichtung: Die christliche Wahrhaftigkeit wendet sich zuletzt gegen sich selbst und läßt damit den Willen zur Wahrheit sich selbst als Problem bewußt werden. Die Moral geht zugrunde als zu ihrem Grund, und die freien Geister sind die Zuschauer dieses Schauspiels. Gezeigt wird, wie dem nicht festgestellten Tier Mensch, das anfangs ein lebendiges Lügengewebe war, ganz langsam Wahrhaftigkeit eingeschrieben wird. Moral erwächst also demselben Wurzelgrund von Trug und Verstellung wie das Böse. Ihre Werte sind Metaphern für physiologische Zustände, ihre Urteile eine sich selbst mißverstehende Semiotik von Nervenreizen. Und der Zuschauer des Moralschauspiels erkennt schließlich, „daß unser sogenanntes Bewußtsein ein mehr oder weniger phantastischer Commentar über einen ungewussten, vielleicht unwissbaren, aber gefühlten Text ist.“[99] Damit ist die philosophische

---

97 Nietzsche, S. W. Bd. 6, S. 98.

98 Nietzsche, S. W. Bd. 3, S. 16.

99 A. a. O., S. 113.

Disziplin Ethik in eine Genealogie leiblich-geistiger Disziplinartechniken aufgelöst.

Die entscheidenden Fundierungsverhältnisse sind leicht anzuschreiben: Die moralischen Urteile gründen in der Gütertafel, die wiederum in ästhetischen Urteilen fundiert ist; den Kernbestand der ästhetischen Wertschätzungen bilden logische und geometrische Wohlgefühle, die beim Anblick von Bekanntem, Geordnetem, leicht zu Bemächtigendem aufsteigen. Ästhetische Lust entsteht also bei der Wahrnehmung von Formen, in denen sich die Lebensbedingungen – gerade im Widerspruch zur drohenden Wirklichkeit – affirmieren.

Diese Fundierungsverhältnisse in der Beziehung von Ethik, Ästhetik und Physiologie bestimmen Nietzsches Kulturprogramm: „Das Schöne, das Ekelhafte usw. ist das ältere Urtheil. Sobald es die *absolute Wahrheit* in Anspruch nimmt, schlägt das aesthetische Urtheil in die moralische *Forderung* um. Sobald wir die absolute Wahrheit *leugnen*, müssen wir alles *absolute Fordern* aufgeben und uns auf *aesthetische Urtheile* zurückziehen. *Dies ist die Aufgabe* – eine Fülle *aesthetischer gleichberechtigter Wert*schätzungen zu creiren: jede für ein Individuum die letzte Thatsache und das Maaß der Dinge. *Reduktion der Moral auf Aesthetik*!!!“[100] Ethik ist demnach nichts als eine unter dem Zwang des Wahrheitsabsolutismus erstarrte ästhetische Wertschätzung der Dinge, deren älteste Schicht aus physiologischen Reaktionen besteht. Es ist also eine ästhetische Wissenschaft möglich – aber nur als Naturwissenschaft, nämlich als „angewandte Physiologie.“[101] Nietzsches entscheidende kritische Fragen etwa an Wagners Musik lauten deshalb: Kann man tanzen, oder ist es ein Schwimmen und Schweben? Erleichtert diese Musik, oder geht der Atem schwerer? Fördert sie die Verdauung? Oder bringt sie zum Schwitzen? Ästhetik als Naturwissenschaft heißt aber auch: Natur selbst hat ästhetische Kräfte; in Traum und Rausch ist jeder Mensch Medium der Kunst.

Daß die Kunst nicht mehr das höchste Bedürfnis des Geistes sei, behauptet das berühmte Hegel-Formular, in dem sich jener Wahrheitsabsolutismus resümiert. Nietzsches Artistenmetaphysik erstellt die klare Antithese. Er diagnostiziert eine neue „Kunstbedürftigkeit“, die gerade dadurch entstanden ist, daß der sokratische Erkenntnisoptimismus sich leergelaufen hat, das Aufklärungspathos schal geworden ist:

---

100 Nietzsche, S. W. Bd. 9, S. 471.

101 Nietzsche, S. W. Bd. 6, S. 418. – Man muß sich hier hüten, zu schnell zu verstehen. Nietzsches berüchtigte Formel hat Heidegger zu Recht mit einem Vorsichtszeichen versehen; so heißt es in: Nietzsche, Bd. I, S. 135: „Daß Nietzsche das Schöne ‚biologisch‘ begreift, ist unbestreitbar; die Frage bleibt nur, was hier ‚bio-logisch‘, *bios*, ‚Leben‘ heißt; es meint trotz allem wörtlichen Anschein *nicht* das, was die *Biologie* darunter versteht.“

Das philosophische Projekt der Moderne resigniert und schlägt um in Artistenmetaphysik. Damit wird jener unterm Wahrheitsabsolutismus erzwungene Umschlag ästhetischer Urteile in moralische Forderungen revidiert; der Wille zum Wissen lernt, daß es nicht absolut sein kann, und schlägt in Artistik um. Der Universalitätsanspruch des okzidentalen Rationalismus wollte ja „ein gemeinsames Netz des Gedankens über den gesammten Erdball" spannen – Hegels Philosophie ist die vollendete Ausgestaltung dieses Traums. Post Hegel aber gibt es nur noch Flickwerk; das Netz des absoluten Wissens ist zerrissen. Damit aber wird das Ästhetische wieder zum höchsten Bedürfnis: „das über das Dasein gebreitete Netz der Kunst"[102] soll auffangen, was durch die Risse des modernen Gedankennetzes fällt.

Wurde im Kampf mit dem Mittelalter das Wissen gegen den Glauben mobilisiert, so führt Nietzsche im Kampf mit der Moderne die Kunst gegen das Wissen ins Feld. Philosophie ergründet nicht mehr die Bedingungen der Möglichkeit von Wissenschaft, sondern bestimmt ihren Wert für das Leben; und in der Kunst findet sie die Kraft, die neuzeitliche Autonomie der Erkenntnis zu brechen.

Zu brechen, nicht zu vernichten – Nietzsche ist nicht wissenschaftsfeindlich oder gar irrationalistisch. Es geht ihm nicht um die Zerstörung der Wissenschaft, sondern um ihre Beherrschung. Der schlecht unendliche Erkenntnisprozeß soll wieder konzentriert, der Wildwuchs einer departmentalisierten Wissenschaft durch Kunst zur Einheit gebändigt werden. Die Bedingung dieser Möglichkeit denkt Nietzsche wieder in jener genealogischen Denkfigur, nach der ein großer evolutionärer Prozeß auf dem Höhepunkt seiner Entwicklung sich selbst verwindet: „Der Erkenntnißtrieb, an seine Grenzen gelangt, wendet sich gegen sich selbst, um nun zur *Kritik des Wissens* zu schreiten."[103] So reißt Erkenntnis selbst auf ihrem eigenen Feld eine unschließbare Lücke des Wissens, die ein ästhetisches Supplement nezessiert. Und Philosophie heißt nun die therapeutische Subsumtion des Wissens unter ästhetische Maßstäbe; mit Welt-Bildern schließt sie den Horizont der Erkenntnis. Damit verdoppelt sie aber lediglich einen physiologischen Grundvorgang, denn die Natur des Menschen selbst setzt „Mechanismen gegen das absolute *Wissen*" in Kraft: „wir brauchen, um zu leben, in jedem Augenblicke die Kunst. Unser Auge hält uns an den *Formen* fest."[104] Kein Leben ohne Verschleierungen und Illusionen; die Evolution des Organischen hat einen artistischen Index.

---

[102] Nietzsche, S. W. Bd. 1, S. 100, 102.
[103] Nietzsche, S. W. Bd. 7, S. 428.
[104] A. a. O., S. 435.

Nietzsche verankert die ästhetischen Kräfte also im Triebgrund, im Organischen, in der Natur – nicht im Subjekt und seinem Bewußtsein. Damit wird aber die Möglichkeit von Ästhetik überhaupt problematisch, denn gerade als Wissende sind wir nicht mit der künstlerischen Produktivkraft identisch. Deshalb kann „das Subject [...] nur als Gegner, nicht als Ursprung der Kunst gedacht werden."[105] Der Künstler ist nicht ästhetisches Subjekt, das immer nur als Widerspiel und Komplementärerscheinung des Transzendentalsubjekts gedacht werden kann, sondern *Medium* einer Apotheose des Scheins. Das heißt aber im Klartext: Der ästhetische Prozeß wird weder von uns noch für uns inszeniert. Diesem Sachverhalt kommt die antike Vorstellung, die Götter erfreuten sich am Schauspiel der Menschheitsqualen, sehr viel näher als die moderne ästhetische Konzeption von Autor, Werk und Rezipient. Wir sind nicht die Regisseure des Weltspiels sondern seine Projektionen.

Nietzsches Aufwertung des Scheins resümiert eine jener Formeln, deren Berühmtheit geeignet ist, ihre Frag-Würdigkeit und Nachdenklichkeit vergessen zu machen – die von der Oberflächlichkeit aus Tiefe. Oberflächlichkeit ist die Weisheit dessen, der tief in die Weltnacht gesehen hat; hier heißt Selbsterhaltung Bild-Fälschung. Das ist ein Leitmotiv Nietzsches: Griechische Heiterkeit als Oberfläche eines tragischen Pessimismus; die Chuzpe des freien Geistes als Maske eines zerbrochenen Herzens; Wissenschaftlichkeit als gewolltes, weil schützendes Mißverständnis. Wer den Schrecken des Realen kennt, rettet sich in die Anbetung der reinen Formen.

Die Reichweite dieser Überlegung wird erst deutlich, wenn man sie als Schnittpunkt der antithetischen Diskurse Nietzsches und Hegels kenntlich macht. Hegel hatte ja nicht nur das Ende der Kunst, sondern *a fortiori* auch das Ende der Geschichte verkündet. Und Alexandre Kojève hat diese These dann anthropologisch entfaltet. Ende der Geschichte heißt endgültige Aufhebung der Negativität, des Subjekt-Objekt-Gegensatzes – und damit: des Hegelschen Menschen. Als posthistorisches Tier hält der Mensch sich komfortabel am Leben. Im universalen *American way of life* gibt es keine Ethik des Handelns mehr, sondern nur noch eine Ästhetik des Glücks-Spiels. In der zweiten Auflage der *Introduction à la lecture de Hegel* findet sich nun aber eine Fußnote, die einen nietzscheanischen Ausweg aus dem hegelschen Posthistoire weist. Jenseits der dialektischen Negativität entdeckt Kojève (in Japan) das Negationspotential des Snobismus, nämlich die Option „de vivre en fonction de valeurs totalement *formalisées*, c'est-à-dire complêtement vidées de tout contenu ‚humain' au sens d',histo-

---

105 Nietzsche, S. W. Bd. 1, S. 47.

rique'." Nach dem Verschwinden des Hegelschen Menschen der Arbeit, des Kampfes und der Negativität ist dem Menschenmöglichen nur noch der Weg der Artistik offen: „L'Homme posthistorique doit continuer à *détacher* les ‚formes' de leurs ‚contenus', en le faisant non plus pour transformer activement ces derniers, mais afin de *s'opposer* soi-même comme une ‚forme' pure à lui-même et aux autres, pris en tant que n'importe quels ‚contenus'."[106]

So ließe sich sagen: Die Geschichte des okzidentalen Geistes wird von einer Klammer der Lebensartistik eingefaßt; an ihrem Ende steht der von Kojève in Japan entdeckte und für die westliche Welt vorbildliche Snobismus der reinen Formen, in dem man sich (als reine Form) sich selbst entgegenstellt, um die Minimalspannung menschlichen Daseins zu sichern (denn Subjekt-Objekt-Gegensätze gibt es nicht mehr); an ihrem Anfang steht die griechische Anbetung der Formen, die Nietzsche auf der Spitze einer über sich selbst aufgeklärten Aufklärung wiederholen will, um die entzauberte Welt vor einem Selbstmord durch Wissenschaft zu schützen. „Oh diese Griechen! sie verstanden sich darauf, zu *leben*! Dazu thut noth, tapfer bei der Oberfläche, der Falte, der Haut stehn zu bleiben, den Schein anzubeten, an Formen, an Töne, an Worte, an den ganzen Olymp des Scheins zu glauben! Diese Griechen waren oberflächlich – aus Tiefe ...."[107]

Die Formel resümiert einen Kampf zwischen Urmetaphern: Nietzsche mobilisiert den *Olymp des Scheins* gegen die *nackte Wahrheit.* Damit klärt er die Aufklärung ab. Denn eines konnte diese selbst nicht denken: daß es eine Grenze des Begründens und Ergründens geben könnte. Das Postulat der nackten Wahrheit hat einen terroristischen Index. Der Furor des Entlarvens und Decouvrierens hält die Frage nieder, was Wahrheit ist, wie sie entsteht und welchen Wert sie für wen hat. Aufklärung will nichts vom Recht des Scheins wissen; sie kennt keine Scham vor ihren Gegenständen und keine Redlichkeit vor dem Geheiß, dem sie folgt. Der Terrorismus der nackten Wahrheit resultiert also aus einem moralischen Vorurteil der Aufklärung – daß Wahrheit mehr wert sei als Schein. Damit ergeht aber ein Tabu über all die Scheinbarkeiten und Perspektivismen, die Leben überhaupt erst ermöglichen.

Nietzsches Abklärung der Aufklärung ist ihr nicht feind, sondern befreit sie von metaphysischem Ballast. Das Jenseits von Gut und Böse heißt für die Erkenntnis konkret, sich jenseits des Gegensatzes von ‚wahr' und ‚falsch' zu stellen; dann zerbricht das Tabu der Aufklärung über die Bedingungen des Lebens. Man kann es auch so sagen:

---

106 Kojève, Introduction à la lecture de Hegel, S. 437.

107 Nietzsche, S. W. Bd. 6, S. 439.

Wahrheit ist das Tabu der Aufklärung über die Erkenntnis. Genügt es nicht, Stufen der Scheinbarkeit anzunehmen …

Stufen der Scheinbarkeit – man könnte auch sagen: Stufen des Irrtums, Grade der Lüge und der Fälschung. Denn der Mensch ist ein verlogenes Tier. Nietzsche begreift ihn als ein künstlerisch schaffendes Subjekt, das mit seiner Verstellungskunst den sozialen, mit seinem Metapherntrieb den kognitiven Horizont der Welt entwirft. List und Verstellung, die Kräfte, mit denen der Mensch den Schein ausstuft, subsumiert Nietzsche also der Kunst. Schon auf der Ebene der sinnlichen Gewißheit sind nämlich artistische Kräfte am Werk, die das perzipierte Datum ausdichten und zurechtphantasieren; in der sich selbst unkenntlich gewordenen Gewohnheit der Lüge sind wir alle – gleichsam von Natur – Künstler. Die Sinnesdaten werden in einem Spiel der Phantasie verarbeitet, und es bedarf deshalb einer hohen kulturellen Disziplin, genau zu hören und zu sehen, z. B.: zu lesen, was wirklich dasteht. Doch lesen, was dasteht, sehen ohne Augentrug, hören ohne Klanggespenster – das sind Ausnahmezustände einer Wissenschaftsdisziplin, die gerade nicht zum Kanon geglückten Lebens werden können. „Dem Dasein eine ästhetische Bedeutung geben" heißt die Irrsal als Grundfigur des Lebendigen preisen. Wo die moralische Optik der Aufklärung nur Symptome einer selbstverschuldeten Unmündigkeit sehen konnte, weist Nietzsche das physiologische Fundierungsverhältnis von Leben, Erkennen und Kunst auf. „Leben ist die Bedingung des Erkennens. Irren die Bedingung des Lebens und zwar im tiefsten Grunde Irren. Wissen um das Irren hebt es nicht auf! Das ist nichts Bitteres! Wir müssen das Irren lieben und pflegen, es ist der Mutterschooß des Erkennens. Die Kunst als die Pflege des Wahnes – unser Cultus."[108] Die Pflege des ästhetischen Wahns schützt vor dem Wahn der Aufklärung, die ja vermeint, den Sockel von Grundirrtümern, auf dem das Leben aufruht, durch den nackten Felsen der Wahrheit ersetzen zu können. Redliche Wissenschaft dagegen begreift die Irrsal des Menschen als unhintergehbar und bescheidet sich nun, Grade des Falschen, Stufen der Scheinbarkeit festzustellen.

Die Austreibung des Moralismus aus den Wissenschaften trifft hier auf den harten Kern des Aufklärungsethos: die Wahrheitspflicht. Und ganz konsequent treibt Nietzsche hier seine Ästhetisierung der Wahrheit bis ins Extrem einer Umwertung der Lüge. Sobald der Mensch vergißt, daß er alltäglich ein künstlerisch schaffendes Subjekt ist, verkennt er seine lebensbedingenden Illusionen als Wahrheiten. Die moralische Forderung der Wahrhaftigkeit ist nichts als die gesellschaftliche „Verpflichtung nach einer festen Convention zu lügen, schaaren-

---

108 Nietzsche, S. W. Bd. 9, S. 504.

weise in einem für alle verbindlichen Stile zu lügen."[109] Das Vergessen der Lüge auf dem Grunde der Wahrheit macht den wahren Diskurs unredlich und vergiftet das Lügen. Nietzsche subvertiert also die moralische Disjunktion von Wahrheit und Lüge durch die Frage nach der Ehrlichkeit des Sprechakts. Gerade die Vertreter des wahren Diskurses, die nicht lügen wollen, verfallen der unehrlichen Lüge. Folglich wird „die ächte resolute ‚ehrliche' Lüge"[110] zum Hort der Redlichkeit. Hier erreicht Nietzsches Umwertung ihr Extrem: Der wahre Diskurs ist verlogen, die resolute Lüge ehrlich.

Die ästhetische Lizenz zur Lüge verdankt sich der Unmöglichkeit, etwas Wahres zu wissen. Die Wahrheit wird uns nicht frei machen. Machen wir uns aber von der Wahrheit frei, so wird denkbar, daß sich uns „das mythische Gefühl der freien Lüge"[111] wiederbelebt. Mit dieser Überlegung gelingt Nietzsche die geniale Umkehrung einer zentralen These der Aufklärung. Er deutet den Priesterbetrug als artistische Praxis: Erfindung mythischer Bilder als Stimulantien des Lebens und ästhetische Theodizee. Artistik ist die Emanzipation der freien Lüge von der Notlüge, ihrem anthropologischen Substrat. Sie gibt dem Willen zur Täuschung sein gutes Gewissen zurück. „Es führt zu wesentlichen Entdeckungen, wenn man den Künstler einmal als Betrüger faßt."[112] Und umgekehrt den Betrüger als Künstler. Die Erschütterung der Weltgewißheit durch einen trügerischen Gott, den *deus fallax* und *genius malignus* Descartes', wird von Nietzsche zur Spitzenleistung des Weltkünstlers umgedeutet. Als Artist ist der böse Genius das wahre ästhetische Subjekt des Weltspiels.

Gott ist ein Betrüger, aber als Betrüger ist er Künstler – das ist die Reinform der ästhetischen Theodizee Nietzsches. Sie entspringt aus einer Überbietung des cartesischen Zweifelsexperiments, das sich schließlich gegen die absolute Autorität der Vernunft selbst wendet. Descartes' Zweifel ist deshalb für Nietzsche nicht radikal genug, weil er in seinem Sicherungsbestreben die Frage verstellt, warum man nicht betrogen werden will. Warum der Haß auf das Unwahre? Nietzsches Überbietung zielt auf die Möglichkeit des Selbstbetrugs im Willen, nicht betrogen zu werden. „Ironie gegen Descartes: gesetzt es gäbe im Grunde der Dinge etwas Betrügerisches, aus dem wir stammten, was hülfe es, de omnibus dubitare! Es könnte das schönste Mittel sein, sich zu betrügen."[113] In ironischer Umkehrung erweist sich dann aber der Sündenfall des Betrugs als artistischer Glücksfall: *felix culpa* in der

---

109 Nietzsche, S. W. Bd. 1, S. 881.

110 Nietzsche, S. W. Bd. 5, S. 386.

111 Nietzsche, S.W.Bd. 7, S. 450. – Vgl. Blumenberg, Arbeit am Mythos, S. 269.

112 Nietzsche, S. W. Bd. 2, S.462. – Vgl. Blumenberg, Höhlenausgänge, S. 616.

113 Nietzsche, S. W. Bd. 11, S. 624. – Dies Motiv wiederholt und aktualisiert C. Schmitt, Ex Captivitate Salus, S. 87 f.

Welt des *deus fallax*. Nur so nämlich erklärt sich das Pseudonym, unter dem Nietzsche eine Moral für Moralisten entwickeln wollte: *Felix Fallax*.[114]

Der betrügerische Künstler-Gott konzipiert eine Welt, die in der Optik von Wahrheit und Schein gar nicht perzipiert werden kann. Daß wir die Kunst haben, um nicht an der Wahrheit zugrunde zu gehen, besagt, daß wir angesichts einer grausamen und sinnlosen Natur die Lüge nötig haben, um überhaupt zu leben. Die schreckliche Realität durch die Lügen zu vergewaltigen, die man Moral, Religion oder Wissenschaft nennt, ist das Überlebenspensum jedes Menschen. Bevor er zum ehrlichen Artisten wird, der sich in der ästhetisch freien Lüge von der Wahrheit entlastet, arbeitet er schon als sich selbst verborgener Künstler an einer Rechtfertigung des Alltags, indem er ihn mit moralischer oder religiöser Bedeutsamkeit belehnt. So läßt sich die artistische Gegenlehre gegen die Moral unmittelbar aus deren Genealogie deduzieren.

Wie sähe ein Gott jenseits von Gut und Böse aus? Denn nach dem Tod des Einen Gottes, der keinen anderen neben sich duldete, sind wieder viele neue Götter möglich. Wie wäre es, wenn wir statt eines weisen, gütigen und humanitären Gottes einen Gott bilden würden, der aus Macht alle Widersprüche des Lebens in sich vereinen und es durch seine Qual rechtfertigen würde? Genau das war aber die eigenste ästhetische Produktivität der griechischen Antike: Menschenwelt und Olymp sind gerechtfertigt, weil die Götter selbst, gesteigert und in großartiger Abbreviatur, Menschenleben leben. Die Transformation „der ursprünglichen titanischen Götterordnung des Schreckens" in „die olympische Götterordnung der Freude"[115] ist Nietzsches Urmodell ästhetischer Supplementierung: Kunst ergänzt das Dasein und stimuliert so das Leben – zumindest zum Weiterleben.

Das Schreckliche wird – so lehrt die Theorie des Erhabenen – zur Lust für denjenigen, der ihm aus sicherer Distanz zusieht. Das Leben kann sich demnach in seiner ganzen Grausamkeit, in allem Leiden und Schmerz rechtfertigen, wenn es sich als Festspiel vor Göttern erfährt. Mit anderen Worten: Das Dasein rechtfertigt die Übel seines Vollzugs, indem es sich Götter als Zuschauer dieses grausamen Schauspiels fingiert. Als Schauspiel wäre die Welt ein ästhetisches Phänomen – als moralisches aber wäre sie Betrug. Diese Position der *Geburt der Tragödie*, die Artistenmetaphysik eines epikuräischen Weltzuschauers,

---

114 A. a. O., S. 486. – Blumenberg, Höhlenausgänge, S. 470, hat diese Ästhetisierung des Cartesischen *genius malignus* schon für Leibniz nachweisen wollen: Auch in der ‚Monadologie' werde der Mensch von einem Künstler-Gott im Weltausmaß betrogen. Blumenberg folgt hier Heidegger, der Nietzsches perspektivistische Auffassung des Seienden als die von Leibniz identifiziert hat – vgl. Heidegger, Nietzsche, Bd. I, S. 245.

115 Nietzsche, S. W. Bd. 1, S. 36.

klärt Nietzsche später zur Weltästhetik ab: „Wir kommen über die Ästhetik nicht hinaus – ehemals glaubte ich, ein Gott mache sich das Vergnügen, die Welt anzusehen: aber wir haben das Wesen einer Welt, welche die *Menschen* allmählich *geschaffen* haben: *ihre* Ästhetik. [...] Ach, *nun* müssen wir die Unwahrheit umarmen und der Irrthum wird jetzt erst zur *Lüge*, und die Lüge vor uns wird zur *Lebensnothwendigkeit*!“[116]

Die Wahrheitsunabhängigkeit der Weltästhetik rückt ins Zentrum, was der Realitätssinn des bürgerlichen Ernstes tabuisierte: Lust, Genuß und Heiterkeit – und zwar nicht als enklavierte Phänomene des Privaten, sondern auf der tragischen Szene von Schmerz, Schrecken und Grausamkeit. Wahrheitsunabhängig heißt aber nicht wahrheitsindifferent. Nietzsche denkt Wahrheit als den Schmerz, der sich nach Erlösung im lustvollen Schein sehnt. „Der Anblick der Welt wird erst erträglich“, wenn die ästhetische Produktivkraft der Leidenschaft dieses „widerlichste und anmaaßlichste Paradoxum“ aus „Zahl und Linie und Gesetz und Unsinn“ in eine Phantasmagorie des erkennenden Subjekts aufhebt. Doch Leidenschaft darf nicht mit der sterilen Aufgeregtheit des Affekts verwechselt werden; sie macht hellsichtig. So entzaubert Nietzsche auch die Kriterien moderner Wissenschaftlichkeit: Rationalität und historischen Sinn, als Requisiten im „Theaterspiel, das das Subjekt sich selber spielt.“[117]

Die Abklärung der frühen Artistenmetaphysik zur Weltästhetik vollzieht den Übergang von der Welt als grausamem Schauspiel für die Götter zum Weltspiel des Subjekts vor sich selbst. Das verändert den Blick auf die Weltübel: Der Schmerz wird zum Kompaß ästhetischer Produktivität, und das Häßliche ist die Betrachtungsform, in der die Dinge einem Willen erscheinen, der ihnen einen neuen Sinn aufprägen will. Hier überschreitet die ästhetische Theodizee eines absoluten Ja zur Welt das Pensum einer Rechtfertigung des Übels. Die Nötigung zur Rechtfertigung entfällt, wo Schönes aus Schrecklichem, Genuß aus Grausamkeit, Lust aus Leiden unmittelbar entspringt. Der Artist „genießt das Übel pur, cru, er findet das *sinnlose Übel* als das interessantere. Hat er früher einen Gott nöthig gehabt, so entzückt ihn jetzt eine Welt-Unordnung ohne Gott, eine Welt des Zufalls, in der das Furchtbare, das Zweideutige, das Verführerische zum Wesen gehört.“[118]

Das sind die am weitesten vorspringenden Überlegungen Nietzsches zu einer Ästhetik jenseits von Gut und Böse. Sie zu aktualisie-

---

[116] Nietzsche, S. W. Bd. 9, S. 581. – Vgl. Blumenberg, Arbeit am Mythos, S. 654 f.

[117] Nietzsche, S. W. Bd. 9, S. 435, 364.

[118] Nietzsche, S. W. Bd. 12, S. 467.

ren, wäre eine geisteswissenschaftliche Frivolität, deren Verlockung wir hier nicht nachgeben wollen. Doch in ihrem Extremismus reißen sie einen Horizont des Denkens auf, vor dem sich jede aktuelle Diskussion des Verhältnisses von Ethik und Ästhetik bewähren muß. In der *Geburt der Tragödie* bleibt der Mensch noch von dem übermenschlichen Pensum jenes Pessimismus der Stärke verschont; das Subjekt der Artistenmetaphysik ist gnädig unterbestimmt als unmoralischer Künstlergott, wobei Gott nur der Name für die ästhetische Bedeutsamkeit des Weltgeschehens ist. Der ästhetische Gott jenseits von Gut und Böse diskreditiert jede moralische Daseinsdeutung durch das Schauspiel einer Erlösung im Schein (die aber keine bloß scheinbare Erlösung ist) und einer Rechtfertigung durch die Kunst. Als Subjekt kann der Mensch hier nur störend dazwischenkommen. Seine höchste Würde läge darin, eine Projektion des Gesamtkunstwerks Welt zu sein.

Das ist die Reinform der Artistenmetaphysik. Nietzsche emanzipiert sich von ihr genau in dem Maße, wie er der Projektion Mensch im Gesamtkunstwerk Welt die Möglichkeit einräumt, zum Bewußtsein ihrer selbst zu gelangen. So heißt es in der *Fröhlichen Wissenschaft*: „Als ästhetisches Phänomen ist uns das Dasein immer noch *erträglich*, und durch die Kunst ist uns Auge und Hand und vor Allem das gute Gewissen dazu gegeben, aus uns selber ein solches Phänomen machen zu *können*." Unerträglich ist das Dasein ja nicht nur in seiner natürlichen Grausamkeit, sondern gerade auch für den Erkennenden. Die Selbstverwindung der Moral in ihrer letzten Tugend, der Redlichkeit, hat die Wissenschaft zur Einsicht in den Wahn und die Verlogenheit als Bedingung der Existenz geführt. Um an dieser Wahrheit nicht zugrunde zu gehen, haben wir die Kunst, die jene Erkenntnis der Unwahrheit gerade durch einen „Cultus des Unwahren" erträglich macht, in dem sich der Erkennende von sich selbst ausruht. Wissenschaftliche Redlichkeit ist nur so lange nicht selbstmörderisch, wie sie von einer „Gegenmacht" äquilibriert wird – vom „*guten* Willen zum Scheine."[119]

Die Welt ist alles, was der Fall ist. Und das ist zu wenig. Der Prozeß der theoretischen Neugierde hat uns in seiner selbstmörderischen Redlichkeit offenbart, daß die Welt keine Menschen-Welt ist, sondern ein „Reich ganz unmenschlicher Necessität", dem nur ein Übermensch gewachsen wäre, der die ästhetische Kraft hätte, eine

---

[119] Nietzsche, S. W. Bd. 3, S. 464. – In Radikalisierung dieser Konzeption wird auch eine Lesart von Nietzsches Artistenmetaphysik einsichtig, die der modernen Ästhetik das Pensum der klassischen Metaphysik aufbürdet; dann wird Weltgenuß zum Kriterium des Weltverständnisses. Ästhetik erscheint als neue Leitwissenschaft; vgl. hierzu Bense, Aesthetica III: Ästhetik und Zivilisation, S. 21: „Jedenfalls zeichnet sich

„Weltcorrektion" anzubringen.[120] Diese ästhetische Kraft der Weltkorrektur manifestiert die Reinform der Selbstbehauptung. Weil perspektivische Fälschungen allererst Existenz ermöglichen, stellt Nietzsches abgeklärte Aufklärung den Täuschungsmitteln eine Unbedenklichkeitserklärung aus. Nur wer sich ihrer zu bedienen weiß, kann auch sehen, was der Fall ist. So schlägt die radikale Entzauberung der Welt in ein Lob der Simulakra um: „Heran mit den schönen Trugbildern! Seien wir Betrüger und Verschönerer der Menschheit!"[121] Nietzsche entwickelt hier eine virtuose Dialektik der Weltentzauberung, die dann Adorno als Dialektik der Aufklärung reformuliert hat: Das Pensum der Aufklärung war die Entzauberung der Welt; doch sie war unredlich gegenüber ihrem eigenen Willen zum Wissen. Seither entfaltet nun das, was bloß ist, seinen eigenen bösen Zauber; Wissenschaft blieb bisher ein Mittel der Selbstbetäubung. Erst die Abklärung der Aufklärung aus der Perspektive der Kunst befähigt zur Entzauberung der entzauberten Welt. So verbünden sich Artistik und tragische Erkenntnis: Nur wer die ästhetische Kraft zur Weltkorrektur hat, erträgt den Blick in den Abgrund des Seienden; „das Schaffen als ein Zaubern bringt eine *Entzauberung* mit sich in Bezug auf alles, was *da* ist."[122]

Nietzsche spitzt diese Dialektik bis zu dem Punkt zu, wo der Pessimismus der Stärke ins Faszinosum eines philosophischen Extremismus umschlägt. Das Interesse für das sinnlose Übel, die gottlose Weltunordnung, die radikale Kontingenz des Realen setzt eine Stellung des Gedankens zur Objektivität voraus, die es sich schließlich leisten kann, auf die Lüge zu verzichten, weil sie sich der stärksten Zauberkraft versichert hat: der „Verführung der Wahrheit". Das ist die Erkenntnisutopie des Immoralismus, der zuletzt auch noch auf das Wort Wahrheit zu verzichten weiß. Denn die theoretische Kraft, immer bis zum äußersten zu gehen, entspricht der ästhetischen zur Weltkorrektur. So tritt auch die redlichste Gestalt des Wissens in den Dienst einer Wiederverzauberung der Welt: „Der Zauber, der für uns kämpft, das Auge der Venus, das unsere Gegner selbst bestrickt und blind macht, das ist die *Magie des Extrems*, die Verführung, die alles Äußerste übt."[123]

Stefan Georges großartiges Gedicht *Der Mensch und der Drud* schließt mit der nietzscheanischen Weisheit, das Leben bleibe nur

als wesentliche Funktion gegenwärtiger und zukünftiger Kunst die Chance ab, die moralisch längst suspekt gewordene Welt, wenn nicht physikalisch, so doch ästhetisch zu rechtfertigen und zu verstehen."

[120] Nietzsche, S. W. Bd. 7, S. 101 und Bd. 9, S. 245.

[121] Nietzsche, S. W. Bd. 11, S. 700.

[122] Nietzsche, S. W. Bd. 10, S. 501.

[123] Nietzsche, S. W. Bd. 12, S. 510.

durch Zauber wach. Das Wort vom Zauber ist gegen den Menschen gerichtet, der ersichtlich einsteht für das Projekt der Moderne: die Entzauberung der Welt durch Wissenschaft. Zauber meint also nicht Hokuspokus vor den und für die Menschen, sondern die Kraft ihrer Verwandlung ins Jenseits des Menschen. Das ist Nietzsches ursprüngliche Einsicht, die er mit dem Namen Dionysos versiegelt hat. Der (dionysische) Zauber (der Musik) ist Ausdruck einer ästhetischen Arbeit an den Menschen, die sie in die Götter ihres Traumes transponiert. „Der Mensch ist nicht mehr Künstler, er ist Kunstwerk geworden": „Es giebt keine Bilder mehr, sondern Verwandlungen."[124] Verzaubert inkarnieren Menschen göttliche Traumbilder. Nichts anderes meint Ekstase: ein Außer-sich-Sein, in dem sich das Individuum aufgibt, um metamorphotisch in einen anderen Leib einzugehen. Das läßt sich nicht auf die Hegelsche Dialektik der Entäußerung reduzieren. Denn *ekstasis* heißt „*nicht* in uns zurückkehren, sondern in fremdes Sein einkehren."[125]

Nietzsches neopaganes Programm einer Wiederverzauberung der Welt konzipiert das Leben als Fest – zeitgenössisch gesprochen: als Gesamtkunstwerk. Und Übermensch ist nur einer der Namen für jenes fremde Sein, in das der Mensch im dionysischen Zauber ekstatisch eintritt. Nietzsches Ästhetik handelt also nicht von Kunstwerken, sondern von sich über sich selbst hinausschaffenden Menschen. Schauplatz dieser ästhetischen Metamorphose ist das Fest. Ihn zu institutionalisieren, war die Absicht des oft ridikülisierten Bühnenweih*fest*spiels in Bayreuth. Deshalb hat Nietzsche in Wagner nicht den genialen Künstler, sondern den Columbus des unbekannten Kontinents der Kunst selbst gefeiert; das Gesamtkunstwerk steht für die Emanzipation von der Kunstwerk-Ästhetik, für die Aufhebung der Kunst des Genies im Lebensfest. „Ich will gegen die Kunst der Kunstwerke eine höhere Kunst lehren: die der Erfindung von *Festen*."[126] Die (Wieder-)Geburt der Tragödie aus dem Geist der (Wagnerschen) Musik verdankt sich ja nicht einer Eigenlogik der Kunstsphäre, sondern den ästhetischen Kräften von Natur selbst, wie sie sich „ohne Vermittelung des menschlichen Künstlers"[127] in Traum und Rausch manifestieren. Das Genie weicht dem Techniker der *Lust-Erfindung*.

Bekanntlich hat Nietzsche von seiner frühen Artistenmetaphysik alsbald Abschied genommen; daß die ästhetischen Phänomene bei ihm gleichsam die Stellung des Wunders in der Theologie einnahmen, ist

---

124 Nietzsche, S. W. Bd. 1, S. 30 und Bd. 7, S. 69.
125 Nietzsche, S. W. Bd. 7, S. 55.
126 Nietzsche, S. W. Bd. 9, S. 506.
127 Nietzsche, S. W. Bd. 1, S. 30.

ihm seit dem Bruch mit Wagner unhaltbar geworden. Doch nur vor dem Hintergrund dieser schwärmerischen Philosophie des Gesamtkunstwerks läßt sich ermessen, welchen Wert er der Kunst wirklich zumißt. Wenn er den Louvre-Brand beim Aufstand der Kommune als Verbrechen gegen die Kultur verurteilt, deutet er es doch nur als Symptom einer allgemeinen Schuld. Am 21. Juni 1871 schreibt er an Carl von Gersdorff: „Als ich von dem Pariser Brande vernahm, so war ich für einige Tage völlig vernichtet und aufgelöst in Tränen und Zweifeln: die ganze wissenschaftliche und philosophisch-künstlerische Existenz erschien mir als eine Absurdität, wenn ein einzelner Tag die herrlichsten Kunstwerke, ja ganze Perioden der Kunst austilgen konnte; ich klammerte mich mit ernster Überzeugung an den metaphysischen Wert der Kunst, die der armen Menschen wegen nicht da sein kann".

Der Mensch ist nicht das Maß der Kunst – und gerade das macht ihren metaphysischen Wert aus. Für die frühe Artistenmetaphysik ergab sich hier die Nötigung, einen epikuräischen Zuschauergott zu erfinden, der das ihm als Spiel dargebotene Menschenleben rechtfertigt, sofern er sich an seiner Grausamkeit delektiert. Dieses Pensum lastet der späte Nietzsche dann dem Menschen selber auf. Weltverantwortung ist – post Christum und postmodern – nur im Horizont einer Weltästhetik erträglich. Das heißt im Klartext: Nietzsche erhebt die Artistik zum übermenschlichen Schema einer neuen Moral. Es geht hier um die Konstruktion einer neuen ethischen Realität aus dem Absolutismus der Form; nur scheinbar leichthin spricht Nietzsche von einer *göttlich künstlichen Kunst*. Sie nimmt – wie später dann der Hegelianer Kojève am Ende seines dialektischen Lateins – das Leben als reine Form und gerade darin ernst. „Man ist um den Preis Künstler, daß man das, was alle Nichtkünstler ‚Form' nennen, als *Inhalt*, als ‚die Sache selbst' empfindet. Damit gehört man freilich in eine *verkehrte Welt*: denn nunmehr wird einem der Inhalt zu etwas bloß Formalem, – unser Leben eingerechnet."[128]

Die allgemeine Schuld, als deren Symptom der junge Nietzsche jenes Kommunarden-Attentat auf den Kunsttempel deutete, wird nun genauer faßbar. Das Leben braucht die Kunst als Stimulans; sie hilft uns, nicht an der Wahrheit zugrunde zu gehen. Und Natur selbst manifestiert die ästhetischen Kräfte, die die Selbstbehauptung des Lebens gegen das Grauen der Natur ermöglichen. M. a. W.: Leben behauptet sich antiphysisch, gegen den Strich der Natur – nämlich artistisch. Und deshalb sind wir dem Leben eine artistische Existenz schuldig. Das muß sich vor Augen halten, wer Nietzsche Biologismus vorwirft.

---

[128] Nietzsche, S. W. Bd. 13, S. 9 f. – Vgl. Benn, Gesammelte Werke, Bd. I, S. 161.

Von der antiken Ethik hat er gelernt, daß wir unser eigentliches Selbst nicht finden, indem wir uns analysieren, sondern indem wir uns in Übungen der *askesis* formen. Und seine genealogische Dekonstruktion der Moral legt die Bedingungen einer radikalen Selbsterfindung wieder frei. Nietzsches Spur folgend hat dann Michel Foucault in seinen letzten Schriften eine neue Ethik als Ästhetik der Existenz skizziert – eine zweite Wiederholung der Antike auf der Spitze der Postmodernität. Vor diesem Hintergrund wird man den notorischen Übermenschen als ‚Subjekt' einer Ästhetik jenseits von Gut und Böse begreifen müssen – Blankoformular einer Antwort auf die ungeheure Frage: „Wie ist der entmenschte Mensch zu denken wenn der Mensch das entthierte Thier ist?"[129]

[129] Nietzsche, S. W. Bd. 9, S. 41. – Zu Foucaults Existenzästhetik in der Spur Nietzsches vgl. Bolz, Stop Making Sense, S. 110 ff.

III. Unwirklichkeiten, in denen wir leben

1. Bilderflut

Nietzsche hat den Bilderstreit inkarniert: den Ikonoklasmus treibt er bis zur Umwertung aller Werte – und immer wieder preist er die Kraft, neue Bilder aufzurichten, neue Götter zu schaffen, das Leben in mythische Horizonte einzuschließen. Zwischen den Extremen situiert er das Medusenhaupt des Übermenschen. Deshalb hat man Nietzsche immer wieder als jenen radikalsten Aufklärer verstanden, in dem das Projekt der Weltentzauberung zurückschlägt in Mythos. Sehen wir näher zu.

Nietzsche radikalisiert das Entbilderungsunternehmen Aufklärung, indem er es über den Feuerbachschen Horizont einer Pathologie der Religion hinaustreibt. Denn Aufklärung wurde selbst zum Götzendienst, wo sie die Götterdämmerung *post Christum* als unwiderstehliche Vollzugsform emanzipierter Menschheit verklärte und damit verdeckte, daß die neue Mündigkeit nur das Inkognito einer neuen Idolatrie war. Von der Mündigkeit blieb nur die „Müdigkeit" jener „Besieger des alten Gottes"[1], die nun, im Kampf mit dem unsterblichen Gott erschlafft, dem neuen Götzen Staat dienen – jenem *mortal god*, den schon Hobbes als Retter aus dem blutigen konfessionellen Bürgerkrieg feierte.

Nietzsches Überbietung der Götterdämmerung begnügt sich also nicht damit, Idole umzustürzen und alte Wertetafeln zu zerbrechen – der Feind des Übermenschen ist der „alte Götzenpriester [...] *in uns selber*":

> *nicht daß du den Götzen umwarfst:*
> *daß du den Götzendiener in dir umwarfst,*
> *das war dein Muth.*[2]

So läßt sich Nietzsches Kampf gegen die Metaphysik als Herzstück seiner Autobiographie begreifen: Der Wille zur Wahrheit wendet sich gegen die Wahrheit selbst – der wahre Diskurs, der die Idole umstürzte, wird selbst als letzter Götze erkannt. Nietzsches Kriegserklärung lautet prägnant: *Götzen-Dämmerung oder Wie man mit dem Hammer*

---

[1] Nietzsche, S. W. Bd. 4, S. 62; vgl. hierzu auch S. W. Bd. 1, S. 368 (über den vom Staat für seine friedenstiftende Leistung geforderten Götzendienst).

[2] A. a. O., S. 251 und S. W. Bd. 13, S. 568.

philosophirt. Es ist zu Ende mit den Göttern und der alten Wahrheit; die Zeit der De(kon)struktionen beginnt. Mit dem Hammer philosophieren heißt Wahrheiten abklopfen, den Hammer als Stimmgabel benutzen, um ihren Ton zu hören. Der Hammer befragt die Metaphysik, indem er ihre Leere zum Klingen bringt. Das Organ(on) der Genealogie ist der Hammer in Nietzsches bösem Ohr. Derart philosophieren nennt Nietzsche „*Götzen aushorchen* ... Es giebt mehr Götzen als Realitäten in der Welt.“[3]

Nietzsche nennt die metaphysische Wahrheit Götze, weil sie als Lüge einer idealen Welt die wirkliche geknechtet und als Schein denunziert hat. Doch wie konnte dieser Götze Wahrheit seine Herrschaft auf dem Grund der Lüge des Ideals errichten? Wahrheit ist geboren aus Vergessen, Erkenntnis entsteht aus Verlogenheit – denn „das räthselhafte X des Dings an sich“ bleibt ewig unerkennbar; es stellt sich als Nervenreiz, als Bild oder als Laut dar, ohne daß es doch zwischen ihnen eine objektive Verknüpfung gäbe. Die Klüfte zwischen diesen Sphären werden nur von Metaphern überbrückt, die uns aber so sehr zur Gewohnheit werden, daß wir sie vergessen und als die Dinge selbst nehmen. Realitätsgerechtigkeit besteht also lediglich in der Anpassung an eine Konvention der Lüge, in Metaphernvergessenheit; das setzt voraus, daß die Lava der aus „menschlicher Phantasie hervorströmenden Bildermasse“ zum Schematismus der Verstandesbegriffe erstarrt ist. „Was ist also Wahrheit? Ein bewegliches Heer von Metaphern, Metonymien, Anthropomorphismen kurz eine Summe von menschlichen Relationen, die, poetisch und rhetorisch gesteigert, übertragen, geschmückt wurden, und die nach langem Gebrauche einem Volke fest, canonisch und verbindlich dünken: die Wahrheiten sind Illusionen, von denen man vergessen hat, dass sie welche sind.“[4]

Nietzsche inkarniert den Bilderstreit – diese These läßt sich nun näher bestimmen. Wer mit dem Hammer philosophiert, ist zunächst einmal ein Ikonoklast, der keine Diskussion mehr wünscht. Doch der Hammer der Götzendämmerung wird ja als Stimmgabel gebraucht, um die Götzen weniger zu stürzen als vielmehr zum Klingen zu bringen – wer Ohren hat, zu hören, hört den falschen, hohlen Klang des abendländischen ‚Geistes'. Die obersten Götzen nach dem Tod Gottes sind der Mensch und seine Wahrheit. Klopft man sie ab und durchbricht die Mauer des sie konstituierenden Vergessens, so zeigt sich: a) Wahrheit ist nichts als Rhetorik, b) der Mensch ist ein Metaphern produzierendes Tier. Doch Nietzsche beruhigt sich nun nicht in relativistischer Resignation – es gibt keine Wahrheit und *Den* Menschen gibt es nicht –,

---

[3] Nietzsche, S. W. Bd. 6, S. 57.
[4] Nietzsche, S. W. Bd. 1, S. 880 f., 883.

sondern er verändert die Optik: Wie stellt sich Wissenschaft aus der Perspektive der Kunst dar? Was ist Wahrheit für das Leben wert? Wie kann der Mensch des 19. Jahrhunderts umgedichtet werden?

Daß sich in Nietzsche der Wille zur Wahrheit gegen diese selbst wendet, besagt nicht, daß er nichtig sei. Vielmehr soll der Wahrheitswille zum Agens einer Einschreibung der Welt in den Horizont des endlichen Menschen werden: Statt Unendliches soll man die eigenen Sinne zu Ende denken. Um das Mensch-Sein überhaupt erträglich zu machen, erhebt es Nietzsche zum ästhetischen Projekt. Sein Ziel ist der Ursprung: jene unaufhörliche Bilderproduktion, die den Menschen als Metapherntier ausgezeichnet hat. „Auch über den *großen Ekel* am Menschen ist Zarathustra Herr geworden: der Mensch ist ihm eine Unform, ein Stoff, ein hässlicher Stein, der des Bildners bedarf." Im Projekt Mensch erweist sich die dionysische Lust an der Vernichtung als ästhetische Produktivkraft. Das ist das zweite Modell der Aufgabe Götzendämmerung: „die Härte des Hammers"[5], der nun nicht mehr bloß als Stimmgabel dient, ist die des Bildhauers.

Mit dem Hammer philosophieren heißt also einmal: Götzen aushorchen, dann aber auch: den Götzen Mensch zertrümmern, um das in ihm verborgene Bild (agalma) zu befreien – so wie der Bildhauer den Steinblock zertrümmert, um die in ihm schlummernde Plastik zu erwecken. Doch das Bild muß noch weiter kompliziert werden, denn der dionysische Bildhauer des Zukunftsmenschen ist selbst Mensch des 19.Jahrhunderts. Mit dem Hammer philosophieren heißt demnach: den Steinblock des alten Menschen, in den man selbst eingeschlossen ist, von innen zu zertrümmern. Deshalb manifestiert sich apollinische Kunst der Plastik in dionysischer Zerstörungslust. *Auf den glückseligen Inseln* sprach Zarathustra also: „Ach, ihr Menschen, im Steine schläft mir ein Bild, das Bild meiner Bilder! Ach, dass es im härtesten, hässlichsten Steine schlafen muß! Nun wüthet mein Hammer grausam gegen sein Gefängniss."

Nietzsche zerstört Idole, um das große Bild zu befreien; deshalb kritisiert er den reinen Ikonoklasmus der Aufklärung als Ressentimentphänomen. Die „Wuth gegen die Bilder" ist nur ein anderer Ausdruck der Tatsache, daß die Letzten Menschen, eingehaust im Bollwerk der Wissenschaften, nicht mehr den Pfeil ihrer Sehnsucht über den Menschen hinauszuschießen wagen: „Sie werfen die Bilder um und sagen: es giebt nichts Hohes und Anbetungswürdiges – weil sie selber kein Bild und keinen Gott schaffen können."[6] Wo es noch Geschichte gibt, kämpfen Bilder des Menschen miteinander – noch in der Zeit der *Un-*

[5] Nietzsche, S. W. Bd. 6, S. 348 f.
[6] Nietzsche, S. W. Bd. 10, S. 221.

zeitgemäßen Betrachtungen glaubte Nietzsche diesen Bilderkampf der Moderne auf drei Paradigmen reduzieren zu können: den rousseauschen, den goetheschen und den schopenhauerschen Menschen. Erst das aus dem Steinblock des 19.Jahrhunderts herausgemeißelte Bild des Übermenschen will dann alle Bilder des Menschen zerbrechen.

Das faschistische Schicksal des Übermenschen hat gezeigt, daß Bilder von solch mythischer Kraft ein autonomes Wirkungspotential entfalten und den Gedankenzusammenhang, aus dem sie entsprungen sind, überwältigen: „Sein Bild ist so stark, daß es, auch nur an die Wand gemalt, seinen eigenen Wirkungslauf nimmt." Das sagt Carl Schmitt aber nicht vom Übermenschen, sondern von Thomas Hobbes' mythischem Bild des neuen Götzen der Moderne: des Staates. „In der langen, an bunten Bildern und Symbolen, an Ikonen und Idolen, an Paradigmen und Phantasmen, Emblemen und Allegorien überaus reichen Geschichte der politischen Theorien ist dieser Leviathan das stärkste und mächtigste Bild. Es sprengt den Rahmen jeder nur gedanklichen Theorie oder Konstruktion."[7] Dem Faschismus ist es dann gelungen, das Bild des Übermenschen, mit dem Nietzsche die Götzen der Moderne zerschlagen wollte, in den Dienst des neuen Götzen Staat zu zwingen.

*

Daß es überhaupt zu immer neuen Formen des Götzendienstes kommt und gerade auch die restlos aufgeklärte Welt immer wieder neue Idole aufrichtet, gründet ja darin, daß jenes nicht festgestellte, zur unaufhörlichen Metaphernbildung getriebene Tier Schutz, Sicherheit und Berechenbarkeit braucht, um überleben zu können: Die Lava der Bilderströme muß zu Schemata der Existenz erstarren. Dabei bilden sich nicht nur die metaphorologischen Üblichkeiten der gesellschaftlichen Konvention und des Weltbildes, sondern auch jene Sedimentierungen, die man Ich oder Innerlichkeit nennt. Das sogenannte Seelische ist ein Archiv der zahllosen Abbildungen von Gehirnvorgängen und Nervenreizen. Die Gehirnstruktur ist besetzt von uralten mnemischen Bildern, die gleichsam als Kategorien der Phantasietätigkeit fungieren. Denn daß der Bilderstrom erstarrt, heißt nicht, daß die Bilder verschwunden wären. Vielmehr schlafen sie im Schacht der Innerlichkeit und sind dort *„bewußtlos aufbewahrt.* Die Intelligenz als diesen nächtlichen Schacht, in welchem eine Welt unendlich vieler Bilder und Vorstellun-

[7] C. Schmitt, Der Leviathan, S. 9, 79. – C. G. Jung, Seelenprobleme der Gegenwart, S. 54, hat diese Wirkungsmächtigkeit als Beziehung auf den Archetypus gedeutet: „sie löst eine stärkere Stimme in uns aus als die unsrige. Wer mit Urbildern spricht, spricht wie mit tausend Stimmen, er ergreift und überwältigt".

gen aufbewahrt ist, ohne daß sie im Bewußtsein wären, zu fassen", hat Hegel schon 1805 in seiner *Jenaer Realphilosophie* unter der Überschrift „Nacht der Aufbewahrung" versucht. Der Abschnitt schreibt eine philosophische Urszene auf: „Der Mensch ist diese Nacht, dies leere Nichts, das alles in ihrer Einfachheit enthält, ein Reichtum unendlich vieler Vorstellungen, Bilder, deren keines ihm gerade einfällt oder die nicht als gegenwärtige sind. Dies die Nacht, das Innre der Natur, das hier existiert – *reines Selbst*. In phantasmagorischen Vorstellungen ist es ringsum Nacht; hier schießt dann ein blutig Kopf, dort ein andere weiße Gestalt plötzlich hervor und verschwinden ebenso. Diese Nacht erblickt man, wenn man dem Menschen ins Auge blickt – in eine Nacht hinein, die *furchtbar* wird; es hängt die Nacht der Welt hier einem entgegen."[8]

Das produktive Moment des Intellekts ist ein „Bilderleben" aus Antizipationen, Projektionen, Entwürfen und Erinnerungen – ein Spiel mit Ähnlichkeiten und Kontrasten. Und Denken im spezifischen Sinne kann als ein Prozeß der Selektion aus den „Bilderreihen im Gehirn" begriffen werden. Normalität nun konstituiert sich in der Abwendung von jener Nacht der Aufbewahrung. Die blutleeren Abstraktionen der Wissenschaft machen Hegels blutige Phantasmagorien, denen sie doch entspringen, vergessen. Doch auch die Selektionstechnik, die man Rationalität nennt, wählt aus jener Bilderflut des leeren Nichts: „Fieberkranke an Wänden und Tapeten verfahren so, nur projiciren die Gesunden die Tapete mit."[9]

Menschen sind bildbedürftig, ja bildersüchtig, weil sie Welt überhaupt nicht anders haben können als im Medium ihrer Projektionen. Weil der Mensch nicht instinktsicher in die Welt eingepaßt ist, wird die Hemmbarkeit von Bedürfnissen zur Überlebensbedingung. Handlungen und Antriebe sind entkoppelt, die menschlichen Bedürfnisse nicht bestimmten Auslösern angepaßt, sondern aufschiebbar, ja aushängbar. Und eben diese Hemmung hebt jenen Schacht der Innerlichkeit aus. Da das Bedürfnis aber von der spezifischen Erfüllungsaktion entkoppelt ist, muß es orientiert und geprägt werden: Das Antriebsleben des Menschen ist bestimmt durch seine „Besetzbarkeit mit Bildern."[10]

[8] Hegel, Werke, Bd. 10, S. 260 und Jenaer Realphilosophie, S.180 f.

[9] Nietzsche, S. W. Bd. 7, S. 445. - So löst sich Kants transzendentale Ästhetik in einer Theorie der Wirklichkeit der Bilder auf; für L. Klages, Der Geist als Widersacher der Seele, S. 1347, ist „der Wirklichkeitsraum die im Augenblicksbilde entfaltete Zeit, die Wirklichkeitszeit das Fließen des Bildes".

[10] Gehlen, Der Mensch, S. 55. – Vgl. hierzu Benjamin, G. S. Bd. IV, S. 116: „Lebendig nährt den Willen nur das vorgestellte Bild." Des weiteren: Benjamin, G. S. Bd. II, S. 309 f.

Doch das ist nur die eine Seite der Bildbedürftigkeit des Menschen. Nicht nur wird sein Antriebsleben mit Bildern besetzt – mit seinesgleichen bildet er ja auch einen kollektiven Leib, der Bilder besetzt. Der anthropologische Materialismus kennt einen Begriff des *Bildraums*, der in der Erfahrung gründet, daß – wenn schon nicht der einzelmenschliche Leib, so doch – die technisch organisierte *physis* des Kollektivs von Bildern durchdrungen werden und in Bilder eintreten kann. In dieser Durchdringung von Leib und Bild öffnet sich der eigentliche Handlungsraum. Die Distanz der Anschauung ist hier liquidiert: Man sieht die Bilder nicht mehr *vor* sich, sondern tritt in sie ein.

Nicht anders hat Nietzsche den wahren ästhetischen Menschen unter der *treuga dei* des Apollinischen und Dionysischen durch das Vermögen charakterisiert, „mit seinen Bildern völlig [zu] verschmelzen". Aus Subjekten werden Medien, die sich nicht mehr als Weltschöpfer verkennen, sondern sich selbst als „Bilder und künstlerische Projektionen" des Gesamtkunstwerks Welt wissen. Alles kommt dabei auf das Götterbündnis Apollo/Dionysos, den Synergismus von Traum und Rausch, den Medienverbund von Bildern und Tönen an. Das rein Apollinische ist ja ganz in der Bildanschauung versunken; das rein Dionysische ist völlig bilderlos. Wenn sie sich aber berühren, sprühen „Bilderfunken."[11]

Die *hyperämischen Reiche* hat Gottfried Benn jene in „unserm Restgehirn" lokalisierten „Vorwelten" genannt, aus denen die Bilder des Rauschs strömen. Wenn Welten aber nichts als Emergenzen rauschhafter Bilderströme sind, so kann man Realitätsgerechtigkeit als eine Selektionstechnik des ontologischen Komparativs begreifen: Nur wenn es eine Gradation in der Wirklichkeit der Bilder gibt, kann man Wachen und Traum, Welt und Phantasmagorie, Himmel und Hölle unterscheiden. Hier gerade nicht zu unterscheiden, war ja das Produktionsprinzip des Surrealismus, der das Leben selbst in einem Raum „massenhafter hin und wider flutender Bilder"[12] dichten wollte. Zukunftsweisend war aber nicht der revolutionäre Impuls seines anthropologischen Materialismus, sondern die surrealistische Rauschtechnik einer autarken Selbstversorgung mit Bildern – im ästhetischen Stadium des Posthistoire ist sie zum Normalfall der Wirklichkeitsentlastung geworden. Nur die endogenen Bilder des Artisten gewähren noch das Glück geschlossener Horizonte: Im ästhetischen Augenblick sind dann die Grenzen der Halluzination die Grenzen meiner Welt.

*

[11] Nietzsche, S. W. Bd. 1, S. 44, 47, 84.
[12] Benjamin, G. S. Bd. II, S. 296.

Epikurs Eidola-Lehre geht davon aus, daß wir überhaupt nur deshalb Gestalten sehen und etwas denken können, weil wir einem permanenten Einströmen ausgesetzt sind: In Gedankenschnelle lösen sich Bildchen von der Oberfläche der Außendinge ab. Der Bilderstrom wird durch nichts gehemmt, weil diese *eidola* gleichsam Immaterialien sind, unvergleichlich feine Ablösungen, die „jede erdenkliche Entfernung in einer für unseren Verstand unfaßbar kurzen Zeit“[13] durchlaufen. Dieses fortdauernde Strömen von Bildchen, deren Feinheit an Immaterialität grenzt, ist eine interessante materialistische Mythologie, die noch den Geistern des 19. Jahrhunderts dazu gedient hat, sich im Zeitalter der technischen Reproduzierbarkeit zurechtzufinden. So hat Balzac Telepathie und Photographie im *tertium* Epikurischer *eidola* zusammengedacht; demnach „lösen sich von allen Dingen fortdauernd ihre originalgetreuen Verkleinerungen – Bilderchen – ab. Die Wahrnehmung solcher Bilderchen macht das Privileg des Wahrsagers, ihre Reproduktion das der Kamera aus.“[14] Hier zeichnet sich ab, daß sich Epikurs *eidola* von ihrem materiellen Substrat emanzipieren und eine immaterielle Bilderflut sich wie ein Präservativ zwischen Mensch und Welt schiebt. Tut sich nun an den Stätten technischer Reproduktion eine *Hölle der Bilder* auf, aus der man die armen Seelen der Moderne retten sollte, oder eröffnen die vielfältig zerstückelten Bilder der Kamera eine *Hölle des Details*, die zu erforschen sich lohnt, weil in ihr der Spielraum der Zukunft beschlossen liegt?

Walter Benjamins anthropologischer Materialismus des Films ist ein phantastischer Versuch, der Bilderflut des 20. Jahrhunderts einen revolutionären Index zu verleihen. Die unendlich vielen Bilder der Kamera konstituieren ein neues Medium beliebiger Perfektibilität.Es geht hier im wesentlichen darum, den von den Reproduktionstechniken erschlossenen *Bildraum* als neuen *Spielraum* des Menschen zu erobern; das setzt aber voraus, daß er zugleich als *Leibraum* des handelnden Kollektivs erwiesen werden kann. Benjamin unterscheidet – gleichsam in Potenzierung der Differenz von erster und zweiter Natur – zwischen erster und zweiter Technik. Die *erste* Technik konsumiert den Menschen und kulminiert im Menschenopfer; sie verdrängt und verstellt die großen Lebensfragen des Individuums: Liebe und Tod, auf die alle Utopien der ersten Natur zielen. Erste Technik will die Natur beherrschen, ihre Kennmarke lautet ‚Ein für allemal‘. Die *zweite* Technik sagt ‚Einmal ist keinmal‘ – „sie hat es mit dem Experiment und seiner unermüdlichen Variierung der Versuchsanordnung zu tun“. Zweite Technik setzt den Menschen so sparsam wie möglich ein, hält

[13] Diogenes Laertius, Leben und Meinungen berühmter Philosophen, S. 244.
[14] Benjamin, G. S. Bd. VII, S. 816.

ihn in spielerischem Abstand von der Natur – so wie das die unbemannten fernlenkbaren Flugzeuge uns vor Augen führen; sie zielt auf „ein Zusammenspiel zwischen der Natur und der Menschheit". Die Befreiung des Leibes und die Emanzipation des einzelnen gelingen demnach genau in dem Maße wie jene erste Technik liquidiert wird. Ein so konzipierter anthropologischer Materialismus begreift Revolutionen als „Innervationsversuche des neuen, geschichtlich erstmaligen Kollektivs, das in der zweiten Technik seine Organe hat. Diese zweite Technik ist ein System, in welchem die Bewältigung der gesellschaftlichen Elementarkräfte die Voraussetzung für das Spiel mit den natürlichen darstellt."[15]

Der Kampf zwischen erster und zweiter Technik vollzieht sich ästhetisch in der Antithetik von auratischer und experimenteller Wahrnehmung, Kultwert und Ausstellungswert, Schein und Spiel. Die Eröffnung des Spiel-Raums der Massenmedien ist also eine direkte Funktion des Auraverfalls. Die beweglichen Bilder machen Kontemplation und auratische Wahrnehmung unmöglich. Den weltgeschichtlichen Index dieser Demontage des Scheins durch das Spiel hat Benjamin sehr schön deutlich gemacht: „Der Schein nämlich ist das abgezogenste, damit aber auch beständigste Schema aller magischen Verfahrungsweisen der ersten, das Spiel das unerschöpfliche Reservoir aller experimentierenden Verfahrungsweisen der zweiten Technik."[16]

Im Film wird der dem Schein abgerungene Spiel-Raum von beweglichen Bildern und Bewegungsbildern erstmals zum Medienapriori. Doch der *terminus a quo* dieser Mobilmachung der Bilder führt uns weit in die Vorgeschichte der Moderne zurück. Aby Warburg hat seine große Studie über *Heidnisch-antike Weissagung in Wort und Bild zu Luthers Zeiten* Aug in Aug mit dem Ersten Weltkrieg verfaßt. Sie berichtet über die Geburt der illustrierten Sensationspresse aus der Sündflutpanik von 1524. Die Angst vor der Sündflut provozierte eine Bilderflut astrologischer und monstrologischer Warnungsbilder, mit denen Pressepolitik getrieben wurde. Dabei wirkten die „Holzschnitt-

---

[15] A. a. O., S. 359 f. – Vgl. hierzu auch a. a. O., S. 814, wo Benjamin den Ursprung des Spiels ganz im Sinne der Freudschen Deutung des Fort/Da-Spiels jenseits des Lustprinzips sucht: „Versuch gewisse schreckliche Urerfahrungen zu emendieren, sie ähnlich wie Abschreiber mit unbequemen Texten verfuhren, zu verfälschen." – Daß alle Zeichen der neuen Medien und Technologien auf eine Ummontierung des Menschenleibes deuten, hat auch Günther Anders, Die Antiquiertheit des Menschen, S. 38, deutlich gesehen, aber als Symptom eines puritanischen Leibhasses verkannt: „*Absicht der Experimente ist es, die Physis*, die (außer für Magie und Medizin) stets als ‚fatum' gegolten hatte, einer Metamorphose zu unterwerfen; sie *ihrer Fatalität zu entkleiden*[...]. An die Stelle der ‚Theorie des Leibes' ist also eine ‚Praxis' getreten, eine [...] ‚*Physiotechnik*'".

[16] A. a. O., S. 368.

illustrationen als mächtiges neues Agitationsmittel für die Bearbeitung der Ungelehrten". Deutlich wird Warburgs Darstellung jener „Zeit leidenschaftlicher Schlagbilderpolitik" als Palimpsest seiner Gegenwart lesbar, wo er von einem „Bilderpressefeldzug" spricht, der klar konturierte Feindbilder in ‚Extrablättern' von Naturgreuel und Monstruositäten aufgerichtet habe – Sensationspresse im Dienst der Tagespolitik. „War schon durch den Druck mit beweglichen Lettern der gelehrte Gedanke aviatisch geworden, so gewann jetzt durch die Bilderdruckkunst auch die bildliche Vorstellung, deren Sprache noch dazu international verständlich war, Schwingen und zwischen Norden und Süden jagten nun diese aufregenden ominösen Sturmvögel hin und her, während jede Partei versuchte, diese ‚Schlagbilder' [...] der kosmologischen Sensation in den Dienst ihrer Sache zu stellen."[17]

Warburgs These von der Geburt der Sensationspresse aus der Bilderagitation durch Holzschnittillustrationen, die dem Monströsen im ‚Extrablatt' einen tagespolitischen Index verliehen, gesteht also schon der Gutenberg-Technik der Luther-Zeit die Möglichkeit zu, die Walter Benjamin der Lithographie des 19. Jahrhunderts vorbehalten wollte: den Alltag mit graphischen Illustrationen zu begleiten. Das ist der *terminus a quo* einer ungeheuren Beschleunigung bildlicher Reproduktion: einer totalen Mobilmachung der Bilder. Als *terminus ad quem* dieses Prozesses hat Virilio die von der Luftaufklärung im Ersten Weltkrieg produzierte Bilderflut kenntlich gemacht. Von der Geburt der Sensationspresse aus der Sündflutpanik 1524 bis zur Geburt des Dokumentierens aus der Kriegsphotographie von 1917 erstreckt sich die Epoche der Mobilmachung der Bilder.

Oberst Edward Streichen – ein Kronzeuge von Virilios Logistik der Wahrnehmung – organisiert 1917 mit über 50 Offizieren und über tausend Freiwilligen die photographische Luftaufklärung in Frankreich. Hier kulminiert eine Bilderflut, die der erste militärisch-industrielle Krieg provozierte. Sie bekundet, daß von nun an die Entscheidung über Sieg oder Niederlage von Statistik, Stochastik und *predictive capability* abhängt. Das Bild ist nicht mehr Einzelbild, sondern verschwindendes Moment im Datenstrom. Diese *predictive capability* ist meist nichts als das Vermögen, die unzähligen Militärphotographien richtig auszuwerten. Und im Krieg der Bilder schwindet die Differenz zwischen heiß und kalt. Den neuen Kalten Krieg exekutieren Datenprozesse und Bilderfluten. „It is really an electric battle of information and of images that goes far deeper and is more obsessional than the old hot war of industrial hardware."[18] Und heute implementieren com-

---

17 Warburg, Heidnisch-antike Weissagung, S. 33, 35, 46 f.

18 Mc Luhan, Understanding Media, S. 339.

putergesteuerte Videokameras eine automatisierte Wahrnehmung, ein blickloses Sehen, in dem die Maschine selbst die Analyse des Realen leistet. Die Systeme automatischer Überwachung obsoleszieren den Menschen hinter der Kamera. Virilio spricht in diesem Zusammenhang von permanentem *Pan-Kino.*

Sichtbarkeit ist keine Qualität des Gegebenen, sondern ein Selektionsprodukt; sie setzt Techniken der Entlastung von der Bilderflut des optisch Möglichen voraus. Es gibt deshalb eine kritische Schwelle, jenseits derer ein Mehr an Information nicht mehr informativ sondern phantasmagorisch wirkt. Die Bilderflut funktioniert dann als verdekkendes Zeigen: ein verhüllender Bild-Schirm, dem gegenüber keine kritische oder ironische Distanz mehr möglich ist. Ohne Selektionstechnik oder *media-fallout*-Rationierung der Bilderflut ausgesetzt, wird der Zuschauer selbst zum *screen*: Simulant auf den elektronischen Oberflächen der Simulationen. Doch das Pan-Kino wird den Menschen nicht nur angetan – sie sind bildersüchtig. Bilder ködern ihr Begehren und treten zunehmend an die Stelle der Sexualobjekte. Kulturkritische Beobachter sprechen immer wieder von Ikonomanie, einer Frenesie der Bilder. Die Welt wird zum Anlaß ihrer photographischen und filmischen Reproduktion, und die Bilder aus aller Welt ersetzen das Weltbild. Man könnte sagen: Das Bildsein gewinnt ontologischen Vorrang vor dem Sein.

Neue Medien und Computertechnologien haben uns in diese Zone der Indifferenz von Sein und Schein, Wirklichkeit und Bild katapultiert. Die Welt der Simulakra absorbiert den Schein und liquidiert das Reale. Baudrillard spricht von der Erektion einer „réalité sans image."[19] Dabei gilt es festzuhalten, daß die bilderlose Realität gerade das Produkt eines unaufhörlichen Bilderstroms ist: Die technisch reproduzierbaren Bilder präzedieren der Welt, die sie abzubilden scheinen. Wenn aber die Bilder das Ereignis usurpieren und vorprägen, entfällt das wesentliche Charakteristikum des Bildes – nämlich abbildend einzustehen für etwas Abwesendes. Günther Anders hat versucht, diese ontologische Zweideutigkeit der massenmedial verbreiteten Bilder auf den Begriff ‚Phantom' zu bringen. Von der Welt als Phantom gibt es keine Erfahrung mehr; man kann nur noch ihre Emergenzen konsumieren und sich von ihren *gadgets* konsumieren lassen. An

[19] Baudrillard, L'échange symbolique et la mort, S. 83. – Baudrillard radikalisiert hier Überlegungen, die Walter Benjamin über die auf technische Reproduzierbarkeit angelegten Bildwelten der neuen Medien angestellt hat. In diesem Kontext steht auch Günther Anders' Kritik der Bilderflut – vgl. Die Antiquiertheit des Menschen, S. 111: „Wenn das Ereignis in seiner Reproduktionsform sozial wichtiger wird als in seiner Originalform, dann muß das Original sich nach seiner Reproduktion richten, das Ereignis also zur bloßen Matritze ihrer Reproduktion werden."

die Stelle der Apperzeption tritt die unmittelbare Eintragung von Informationen ins Nervensystem und seine technischen Extensionen; an die Stelle der Rezeption tritt die Rückkopplung. „Phantomatik bedeutet, daß eine Situation geschaffen wird, in der es aus der Welt der erzeugten Fiktion keine ‚Ausgänge' in die reale Welt gibt."[20]

*

Der Maschinen- und Bildersturm, den Günther Anders gegen die *gadgets* der neuen Medien und atomaren Technologien ausruft, heißt ironisch *Die Antiquiertheit des Menschen.* Ironisch, weil gerade das Zurückbleiben des alten Menschen hinter der Perfektion seiner Technik zum archimedischen Punkt des Widerstands gegen die Apokalypse des Ge-Stells führen soll. Anders formuliert seine Kampfparolen Aug in Aug mit Heidegger. Heideggers *Gestell* heißt jetzt „Makrogerät" – die *gadgets* bilden ein System, das unsere ‚Welt' ist. Man kann diese Geräte nicht mehr als ‚Mittel' gebrauchen, sondern sie konsumieren uns; deshalb gibt es in dieser Welt der neuen Medien und Technologien keinen Spielraum menschlicher Entscheidung mehr. Heideggers Ge-Stell, das Makrogerät, ist „*die* Vorentscheidung."[21]

So wie Anders immer wieder Heideggersche Befunde auf den Kopf stellt, gegen den Strich liest, so beschwört er unentwegt klassische Weltformeln, um sie ironisch im Raum der neuen Medien zu säkularisieren. Schopenhauers Welt als Wille und Vorstellung heißt nun, technisch implementiert: Welt als Phantom und Matritze; die Platonische Urform des Idealismus kehrt auf der Spitze des modernen Materialismus als ‚Industrie-Platonismus' wieder: Die Serienprodukte unserer Welt verdanken ihr Dasein *blue prints* – als ob es Ideen wären. Ja, Anders geht so weit, die Ikonomanie der Gegenwart als Usurpation der ersten Gottes-Gebote zu deuten: Das massenmedial gesendete Welt-Bild absorbiert die Gottesattribute, sofern „wir uns nun umschaffen sollen nach seinem Bilde. Und umschaffen sollen wir uns, damit wir nichts anderes ‚*unser*' nennen und keine andere Welt haben neben ihr."[22]

Die Thesen von Günther Anders lassen sich nur dann angemessen diskutieren, wenn man sie in den Kontext des von Heidegger am 9. Juni 1938 gehaltenen Vortrags ‚Die Begründung des neuzeitlichen Weltbildes durch die Metaphysik' zurückstellt. Dieser Vortrag ist dann unter dem Titel *Die Zeit des Weltbildes* zurecht berühmt und folgenreich geworden. Die Zeit des Weltbildes ist die Neuzeit – eine Zeit,

---

20 Lem, Summa technologiae, S. 328.
21 Anders, Die Antiquiertheit des Menschen, S. 2.
22 A. a. O., S. 192.

die sich als neu setzt und der die Welt zum Bild geworden ist. Und das heißt auch: Ein Weltbild gibt es allererst in dieser sich als neu setzenden Neuzeit. Für Heidegger besagt Weltbild also nicht primär Bild der Welt, sondern Welt als Bild; und Bild meint hier nicht Abbild, sondern Bescheidwissen im Sinne von ‚im Bilde sein'. Die Neuzeit setzt sich über die Welt ins Bild. Welt wird vorgestellt, um festzustellen, wie es mit ihr steht. Jetzt erst hat der Mensch so etwas wie eine Stellung im Kosmos; er setzt sich in Szene. Vorstellend-herstellend stellt er die Welt als Bestand.

Für die Neuzeit ist Sein Vorgestellt-Sein, und das bestimmt den Bildcharakter der Welt. Für Heidegger kommt nun alles darauf an, eine antike Kontrastfolie zu dieser Welt-Stellung zu finden. So konstruiert er eine weltalterliche Antithese zwischen griechischem Vernehmen und neuzeitlichem Vorstellen. Und er verdoppelt diese Antithese noch in einer Konfrontation der griechischen Kraft, Anwesendes zum Erscheinen kommen zu lassen – denn so definiert Heidegger *phantasia* –, mit der modernen *imaginatio* als der Vorstellungskraft, mit der das phantasierende Subjekt die Weltgegenständlichkeit „in die Welt als Bild einbildet."[23] *Physis* als aufgehendes Anwesen, das Seiende als Sichöffnendes und der Mensch als in dieses Offene Einbezogener – in einer solchen Welt konnte die Welt nicht zum Bild werden. Die Welt als hergestellt und vorgestellt, in der der Mensch als Subjekt das Seiende vor sich stellt und zum bestellbaren Bestand verfestigt – derart inszeniert mußte die Welt zum Bild werden. Für Heidegger ist also das aufgehende Anwesen, das eröffnende Hervorkommen der griechischen *physis* bildlos. „Alles ‚Wesen' ist in Wahrheit bildlos. Zu Unrecht fassen wir dies als einen Mangel. Wir vergessen dabei, daß das Bildlose und also Unanschauliche allem Bildhaften erst den Grund und die Notwendigkeit gibt."[24] Den kritischen Punkt des Übergangs von der Welt, die nicht Bild sein konnte, zur Welt, die zum Bild werden mußte, markiert Heidegger durch Platons Konzeption des Seienden als *eidos*.

Die Zeit des Weltbildes ist demnach der Name einer komplexen Konstellation: Die Zeit behauptet sich als neu; die Welt wird zum Bild; der Mensch deutet sich als Subjekt; das Wissen herrscht als System. „Der Grundvorgang der Neuzeit ist die Eroberung der Welt

---

[23] Heidegger, Holzwege, S. 98.

[24] Heidegger, Heraklit, Gesamtausgabe Bd. 55, S. 137. – Ohne diesen Grund des Bildlosen bleibe alles Anschauliche nur „Augenreiz". Deshalb sieht Heidegger die metaphysische Gefahr seiner Gegenwart, 1943, darin, „die filmische Anschaulichkeit mit der ‚Wirklichkeit' gleichzusetzen"; „dem ‚filmischen' Auge" fehle der „Blick für das Unanschauliche" - a. a. O., S. 138.

als Bild."[25] Auch darin erweist sich das Subjekt der Moderne als Antipode des griechischen Menschen und seines Vernehmens der bilderlosen *physis*. Doch Heideggers Argument hat eine dialektische Struktur: Gerade weil die Neuzeit die Welt zum Bild macht und das bilderlose Wesen verstellt, gelangt sie nicht zu echter Anschaulichkeit; das herstellende Vorstellen zerstört das Bild der Dinge. Das meint Rilkes berühmter Vers der neunten *Duineser Elegie*, die Dinge würden „verdrängend ersetzt" durch ein „Tun ohne Bild".

Das unanschauliche Vorstellen und rechnende Herstellen der technischen Produktion schafft bildlose Gebilde – gerade auch da, wo sie in eine Flut technisch reproduzierbarer Bilder ausbricht. In dieser Perspektive erscheinen die auf technische Reproduzierbarkeit angelegten Bilder als Bilder-Ersatz im bilderlosen Dasein. Darauf zielt Baudrillards Rede von den Simulakra als Emergenzen einer Fusion von Sein und Schein, die eine „réalité sans image"[26] errichten. Nichts anderes meint auch Anders' Formel von der Welt als Phantom und Matritze. Dabei dient der Phantom-Begriff einer inneren Differenzierung im Begriff des Bildes, die plausibel machen soll, daß (technisch reproduzierbare, massenmedial verbreitete) Bilder das (echte, auratische) Bild zerstören; daß also Bilderflut und Bilderlosigkeit Komplementärphänomene sind. So hatte schon Klages Phantome von Urbildern unterschieden: „Mit dem Namen *Phantom* für solche Bilder wünschen wir anzudeuten, daß die Anschaulichkeit, die sie allerdings mit den Bildern teilen, bloß der Larvierung des bildermordenden Nichts dient."[27]

*

Adornos negative Dialektik versteht sich als Theorie eines realen, universalen Verblendungszusammenhangs; nur als dessen Darstellung – ja als dessen Abdruck – kann sie ihn kritisieren. Real heißt dieser objektive Verblendungszusammenhang, weil es sich bei der Herrschaft der Phantasmagorien nicht nur um Bewußtseinsphänomene handelt; und daß er universal ist, impliziert, daß sich die negative Dialektik nur als sein Selbstbewußtsein artikulieren kann. Seine hegelianische Formel lautet: Totalität der Vermittlung, die durch Totalität das Moment der Vermittlung gerade verstellt; man hat das auch *technologischen Schleier* genannt.

Diese Diagnose geht auf die berühmte Analyse des Fetischcharakters der Ware zurück. Marx hatte ja den Wert eines Arbeitsprodukts als ein „unter dinglicher Hülle verstecktes Verhältnis" zwischen Men-

[25] Heidegger, Holzwege, S. 87.

[26] Baudrillard, L'échange symbolique et la mort, S. 83; vgl. Adorno, G. S. Bd. 8, S. 107.

[27] Klages, Der Geist als Widersacher der Seele, S. 1224.

schen entzaubert und in diesem Zusammenhang vom „gegenständlichen Schein“[28] gesellschaftlicher Arbeit gesprochen. Fetischcharakter der Ware meint die sachliche Verschleierung gesellschaftlicher Verhältnisse. Dieser Schein, universal geworden, versteinert zu dem, was wir Wirklichkeit nennen, und versehrt die Wahrheit. „Der Schein hat sich so konzentriert, daß ihn zu durchschauen objektiv den Charakter der Halluzination gewinnt.“[29] Wo *common sense* nur am Schleier universaler Verblendung mitwebt, muß sich Erkenntnis in die Zone des Wahnsinns vorwagen.

Die Steigerung des Scheins zur Phantasmagorie hat Adorno als für das 19.Jahrhundert paradigmatischen Vorgang an Wagners Gesamtkunstwerk erkannt: Produziertes verwischt die Spuren der Produktion und setzt sich als sich selbst Produzierendes. Im Anspruch auf Sein vollendet sich der Schein und wird lückenlos. Es ist leicht zu erkennen, daß Adorno hier Marxens Analyse des Warenfetischs umstandslos auf die Ästhetik des 19. Jahrhunderts anwendet: Die Phantasmagorie ist das Reversbild des totalen Warencharakters; Wagners Gesamtkunstwerk implementiert die „Illusion der absoluten Wirklichkeit des Unwirklichen.“[30]

Adornos ästhetische Theorie entfaltet sich als Logik des Zerfalls der Phantasmagorie. In dieser Perspektive stellt sich die Aufgabe der Ästhetik als Rettung des Scheins dar. Adorno denkt das in einer gedoppelt dialektischen Struktur: Der Schein rettet das vom rationalen Geist Verworfene; diese Rettung durch den Schein ist aber selbst scheinhaft, ohnmächtig und bedarf der Hilfe. Formelhaft gesagt: Aufgabe der Ästhetik ist die Rettung des Scheins der Rettung durch den ästhetischen Schein. In dieser Bewegung nimmt der ästhetische Schein seine Ohnmacht in sich auf und wird sich seiner selbst bewußt – als solcher aber ist er das Modell des endlichen Gedankens der Transzendenz. Man kann es auch so sagen: Der Schein, der seine ohnmächtige Scheinhaftigkeit auf sich nimmt, ist das genaue Komplement zum „Schein des Scheinlosen“ als der ästhetischen Wahrheit. „Noch auf ihren höchsten Erhebungen ist Kunst Schein; den Schein aber, ihr Unwiderstehliches, empfängt sie vom Scheinlosen.[...] Im Schein verspricht sich das Scheinlose.“[31] Das ist der *terminus ad quem* jenes Zerfalls der Phantasmagorie des 19. Jahrhunderts: Der einbekenntliche

[28] Marx, MEW Bd. 23, S. 88.
[29] Adorno, G. S. Bd. 3, S. 231.
[30] Bekker, Wagner. Das Leben im Werke, S. 128.
[31] Adorno, G. S. Bd. 6, S. 396 f. und Bd. 7, S. 199. – Daß sich diese Konzeption Adornos Walter Benjamins Theorie des Ausdruckslosen und seiner Bestimmung der allegorischen Intention als Auslöschung des Scheins verdankt, kann hier nur angedeutet werden; vgl. Benjamin, G. S. Bd. I, S. 669 f., 832 f.

Schein, der die Schuld der Scheinhaftigkeit auf sich genommen hat, ist Wahrheitszeuge durch das, was am Schein nicht Schein ist – ästhetische Christologie. Diese dialektisch bezeugte Wahrheit des ästhetischen Scheins steht in vertracktem Verhältnis zum gesellschaftlichen Verblendungszusammenhang. Adorno hat ihn ja so definiert, daß Wahrheit in seinem totalen Schein geradezu als das Unwahre erscheinen muß. Gerade daraus aber erhellt die überragende metaphysische Bedeutung der Kunst: Der dialektische Schein des Ästhetischen ist die Maske der Wahrheit im totalen Schein der Gesellschaft.

Um diese intrikate Dialektik des Scheins genauer zu fassen, ist es sinnvoll, den reinen vom gereinigten Schein zu unterscheiden. Im 26.Brief über die ästhetische Erziehung des Menschen hat Schiller ein Junktim zwischen der Reinigung des ästhetischen Scheins von der Wirklichkeit und der Befreiung der Wirklichkeit vom trügerischen Schein hergestellt. Was beide Sphären wieder verschränkt, ist der erlöschende Schein, der paradiesischen Glanz über die Dinge breitet: „die unendliche Auflösung des gereinigten, von aller Verführung entladenen schönen Scheines.“[32] Die Reinigung des Scheins bricht also seine Verführungskraft. Und umgekehrt verdankt sich die Dämonie der Verführung allein der Nacktheit des reinen – nicht gereinigten – Scheins. Verführung verkörpert die Macht des reinen Scheins. Sie stiftet keinen Sinn und gibt keine Zeichen.

Um so etwas wie ‚gereinigten Schein‘ überhaupt denken zu können – und auch Walter Benjamin hat das Schiller folgend noch einmal versucht –, muß man noch der Kraft der Repräsentation sicher sein. Repräsentation unterstellt immer eine Äquivalenz zwischen Zeichen und Realem. Im Kontrast dazu läßt sich der polemische Index des Begriffs der Simulation genau bestimmen: Simulation setzt den Tod der Referenz voraus; ihr Modell ist nicht mehr die Abbildung, sondern der Schaltkreis. Das erschüttert den Wirklichkeitsbegriff im Innersten – Baudrillard spricht von der Emergenz eines „réel sans origine ni réalité: hyperréel.“[33] Das Hyperreale entzieht sich dem Realitätsprinzip, d.h. es konturiert sich nicht mehr in Differenz zu einem Imaginären – mit der wahren Welt haben wir auch die scheinbare, mit dem Realen haben wir auch das Imaginäre abgeschafft. Das Simulakrum steht überhaupt nicht mehr in einem Austauschverhältnis zum Realen, sondern bildet einen referenzlosen Schaltkreis.

So phantastisch das zunächst klingen mag – Baudrillard hat diese Struktur des Simulakrums an einem vertrauten Phänomen der politischen Ökonomie abgelesen: am reinen Schein der ihre Momente in

---

32 Benjamin, G. S. Bd. VI, S. 115.

33 Baudrillard, „La précession des simulacres“, S. 3.

einer totalen Vermittlung absorbierenden Zirkulation. Nur daß nun der analytische Übergang von der Zirkulation zur gesellschaftlichen Produktion verbaut scheint. Baudrillard schreitet also nicht mehr wie Marx von der Zirkulation zurück zum Verhältnis der Produktion, sondern vor zum Schaltkreis der Simulation. Dabei soll der Terminus *précession* eine prinzipielle Reversibilität der Kausalordnung bezeichnen: Die Wirkung geht den Ursachen voran; die Dinge sind so schnell, daß sie gleichsam erscheinen, bevor sie sich realisieren. Baudrillard beschreibt die Simulation als schaltkreisartige Präzession eines Modells, die gleichsam ein Magnetfeld des Ereignisses stiftet. Tatsachen sind dann nichts als Emergenzen am Schnittpunkt solcher Modelle: Die Landkarte wird konkret zum Apriori des Territoriums, das sie vermißt; die Antwort geht der Frage voran. So verschwinden die polaren und dualen Strukturen in unaufhörlichen Prozessen der Involution und Inversion.

2. Die Logik der Simulation

Ein Essay von Jean Baudrillard hat den Titel: *La précession des simulacres*. Er nennt die spezifische Differenz zwischen der Logik der Tatsachen und der Logik der Simulation. Gemeint ist ein Vorlauf von Modellen, die den Schauplatz der Ereignisse allererst konstituieren. Die Tatsachen sind demnach nichts als Emergenzen an den Schnittpunkten zirkulierender Simulakra. Die Landkarte produziert das Territorium, das Reale entsteht aus der Kombinatorik von Modellen. Prototypisch dafür sind die genetischen und nuklearen Befehlsmatritzen, die Leben und Tod diktieren. So definiert die Logik der Simulation das Reale rein operational – jenseits von Repräsentation und Metaphysik.

An die Stelle von Metaphysik tritt Digitalität. Sie ist das Prinzip des operationalen Zusammenhangs der Wirklichkeit, wie er sich durch 0/1, Frage/Antwort, *feed-back* und kybernetische Kontrolle bestimmt. „A la limite d'une extermination toujours plus poussée des références et des finalités, d'une perte des ressemblances et des désignations, on trouve le signe digital et programmatique, dont la ‚valeur' est purement tactique, à l'intersection d'autres signaux (corpuscules d'information/test), et dont la structure est celle d'un code micromoléculaire de commande et de controle."[34]

[34] Baudrillard, L'échange symbolique et la mort, S. 89.

Diese eigentümliche Wirklichkeit, die sich der Antizipationskraft und Zirkularität von Modellen verdankt und sich deshalb nicht mehr sinnvoll von einem Imaginären unterscheiden läßt, nennt Baudrillard Hyperrealität. An ihr zerschellt das Realitätsprinzip, das ja bei allen Akten bloßen Fingierens noch in Kraft ist. In der Logik der Simulation lockert sich der Verdichtungsgrad von Realität so weit, daß sich als Grenzwert ein Verzicht auf Wirklichkeit überhaupt abzeichnet. Computersimulation ist die technische Implementierung des *genius malignus*. Die Hyperrealität der Simulation absorbiert das Reale und macht die Fragen nach wahr und falsch, Wirklichkeit und Schein gegenstandslos. Geschichte entleert sich zum reinen Als ob, zum Simulakrum. Es entsteht eine Welt der reinen Formprobleme, gemäß der ästhetischen Theodizee Nietzsches und seines affirmativen Begriffs von Schein. Ob es sich nun um philosophische Debatten oder den Schlagabtausch der Großmächte handelt – alles geschieht nur noch *als ob*. Das Simulationsprinzip des Posthistoire hat das Realitätsprinzip der Neuzeit ersetzt. Hyperrealität besagt, daß das Wirkliche in der Steigerung seiner reinen Formqualitäten sich ekstatisch selbst übertroffen hat – ganz im Sinne jenes posthistorischen Snobismus, den A.Kojève definiert als: „état de vivre en fonction de valeurs totalement *formalisées*, c'est-à-dire complètement vidées de tout contenu ‚humain' au sens d',historique'."[35]

Diese Thesen gewinnen klaren Kontur, wenn man sie am Ernstfall schlechthin, dem Krieg und seinen Technologien, erprobt. Polemologische Analysen operieren nicht mit Wörtern, sondern mit Graphen, Diagrammen und Modellen. Es geht hier um Datenverarbeitung auf der Basis von Algorithmen, die sich nicht auf Rede reduzieren läßt. Bei diesen Entwürfen imaginärer Kriegsschauplätze ist es zunächst schwer, zwischen Spiel, Modell und Simulation zu unterscheiden. Es läßt sich nur feststellen, daß der Gebrauch des Wortes Simulation in den frühen 80er Jahren das Wort Spiel in den polemologischen Analysen verdrängt hat. Simulation heißt der Grenzwert der computergestützten Datenmanipulation auf der Basis einer abstrakten Befehlssyntax, die affirmiert, was nicht ist, und generiert, was es nie gegeben hat. Das Simulationsprinzip macht semi-realitätstüchtig.

Die überragende Bedeutung der Simulation ist dem öffentlichen, d. h. televisionären Bewußtsein zum erstenmal im Zusammenhang mit der Vorbereitung von Weltraumflügen deutlich geworden. „Alle Zuverlässigkeit der Planung, alle souveräne Ruhe der Besatzungen beruhten darauf, daß fast alles in Simulatoren hatte geprobt werden können. So wird, an beliebigen Aufwand für Vorspiegelungen aller Art ge-

[35] A. Kojève, Introduction à la lecture de Hegel, S. 437.

wöhnt zu sein, zur schicksalhaften Trübung des Realitätssinnes im Maße technischer Wunscherfüllungen.“ Diese präzise Diagnose findet sich in einer Glosse Hans Blumenbergs, die unsere *Sorge um eine letzte Unverwechselbarkeit* artikuliert. Denn in der Tat läßt sich bei den technologischen Spitzenprodukten der Militär- und Raumfahrtindustrie der Aufwand für die Inszenierung von dem für den Ernstfall kaum mehr unterscheiden. Bei der nuklearen Waffentechnologie wird vollends die Zurschaustellung zum einzig erträglichen Realitätsgrad ihrer Wirkung. „Es sind nur noch Symbole, die man sich zeigt. Warum sollte man sich nicht einfallen lassen, der Welt mit Simulationen zu imponieren?“[36]

Im Haushaltsjahr 1983 gaben amerikanische Militärs und NASA $ 1,6 Milliarden für Flugsimulatoren und *missile trainers* aus. Trainingsflüge können eine Stunde nach der Landung auf einem fünf Quadratmeter großen Bildschirm wiederholt werden. Die Instrumente der Bodenkontrolle registrieren die automatisch vom Flugzeug übermittelten Daten von Flug, Manöver und Waffen. Es werden dabei keine wirklichen Raketen abgefeuert. Sobald der Pilot den Auslöser drückt, errechnet ein Computer sofort, ob eine wirkliche *Sidewinder* ihr Ziel getroffen hätte. Bei den Übungen und Manövern der Armee werden Lasersysteme benutzt; die Amerikaner nennen das *mock combat.* Jeder Soldat hat an Helm und Brust Detektoren; hört er zwei kurze Töne, so bedeutet das, daß man auf ihn geschossen und ihn nur knapp verfehlt hat. Ein kontinuierlicher Ton bedeutet ‚getroffen und getötet‘; der Soldat schließt sich dann selbst vom weiteren Manöver aus, indem er einen Schlüssel aus seinem Waffen-Transmitter zieht und in den Detektor steckt; damit ist die Waffe unbrauchbar und der Detektor ausgeschaltet. Dasselbe System benutzt die Marine, wobei allerdings die Indirektheit der Kampfhandlungen – ähnlich wie bei der Luftwaffe – den Verdichtungsgrad der Semi-Realität so weit steigert, daß zwischen Übung und Ernstfall kaum mehr Unterschiede bestehen. „Trainees cannot distinguish between simulated signal displays and genuine signals seen and heard on tactical equipment.[...] The realism is so great that if the exercise is not announced, the crew doesn't know it's only a drill.“[37]

Weil die Entscheidungsträger in Kampfflugzeugen, U-Booten und Flugzeugträgern ohnehin nur elektronische Bilder der Außenwelt zu sehen bekommen, wird es sinnlos, die spezifische Differenz zwischen wirklicher Kampfhandlung und Simulation im Moment menschlicher Entscheidung zu suchen. Gegenwärtig kann man davon ausgehen, daß

[36] H. Blumenberg, Die Sorge geht über den Fluß, S. 204 f.
[37] Zit. nach: Th. B. Allen, War Games, S. 285.

80 % aller militärischen Entscheidungen technologisch institutionalisiert, d. h. computerisiert sind. Es ist fraglich, ob man in diesem Zusammenhang überhaupt noch von realen Daten sprechen kann. Kriegsspiele operieren mit Daten, die sich zumeist nur den unvalidierten *outputs* anderer Modelle verdanken. Damit aber werden die Datenprozesse in Krisenfällen selbst zum zentralen Gegenstand polemologischer Analysen; so simulieren politische Wissenschaftler die Bahnungen, in denen Entscheidungsträger der Geschichte inmitten internationaler Krisen Informationen prozessierten. Denn in polemologischer Perspektive bestehen Kriege nicht primär aus Stahlgewittern, Feuer und Bewegung, sondern aus Datenprozessen. Sie sind so umfangreich, daß das zentrale Problem darin besteht, zu wissen, was man weiß. Die kalifornische Firma *Science Applications International Corporation* hat zu diesem Zweck ein *people-in-the-loop*-Spiel entwickelt, das den menschlichen Intellekt als integralen Bestandteil der Kriegsarchitektur begreift; der *loop* besteht dabei aus Computern, die Datenbasen und graphische Veranschaulichungen liefern. So wird menschliches Urteil beständig durch computergestützte Modelle und Buchhaltungsroutinen vermittelt; eine permanent aktualisierte Simulationsbibliothek versorgt die Kriegsspieler mit Informationen über frühere Kriegsspiele und die Lage der wirklichen Welt. Nur eines ist in dieser Polemologie der Datenprozesse unsimulierbar: die Zerstörung des Kommunikationssystems. „Radios, telephones, computers, even the engines of vehicles may be knocked out by a high-altitude nuclear burst.“[38] *EMP*, der elektromagnetische Stoß durch einen nuklearen Schlag kann Telefone, Radiogeräte, Radar und Computer lahmlegen und die gespeicherten Daten löschen. Damit enden die pessimistischen NATO-Szenarios. Denn mit dieser Möglichkeit einer totalen Zerstörung des Archivs nähern wir uns dem Punkt der radikalen Denkbarkeit des Atomzeitalters. *EMP* ist der konkreteste Grenzwert der Kommunikationsstruktur jenes nuklearen Szenarios – einer absolut heterogenen Unberechenbarkeit und Zufälligkeit ausgesetzt zu sein *beyond the nuclear threshold*. Jacques Derrida hat diese Bedingung der Möglichkeit, das Atomzeitalter zu denken, mit dem Kunstwort *destinerrance* benannt. Es besagt in unserem Zusammenhang, daß der absoluten Waffe kein totalisierbares Wissen entspricht. Je mehr wir uns der nuklearen Schwelle nähern, desto vielfältiger und heterogener werden die Kompetenzen. Man kann nur noch meinen und glauben; es gibt nur noch *doxa*. Diese *destinerrance* der performativen Situation ist charakteristisch für die posthistorischen Kriegsspiele. „Entre constater, révéler, savoir, promettre, agir,

[38] Allen, a. a. O., S. 81.

simuler, donner des ordres, etc., la limite n'a jamais été aussi précaire, voire indécidable."[39]

Der philosophische Hochmut, mit dem etwa Heidegger die *gadgets* des Atomzeitalters zugunsten seiner kybernetischen Prägung ignorierte, hat seine Berechtigung demnach darin, daß das nukleare Waffensystem mehr als alle bisherigen von Informationsflüssen und Kommunikationsstrukturen abhängt. Das gilt gerade auch deshalb, weil ein unbegrenzter Atomkrieg noch nicht stattgefunden hat und das Kriegsspiel an der nuklearen Schwelle nur zwei harte Daten hat: Hiroshima und Nagasaki. Einstweilen gibt es den Atomkrieg also nur als diskursives Faktum. *No apocalypse, not now* heißt deshalb der einschlägige Essay Derridas. In seinem Zentrum steht die großartige Provokation, die nukleare Rüstung als „phénomène fabuleusement textuel" zu begreifen. Derrida entzaubert den Atomkrieg als „non-événement"; der Schrecken des nuklearen Schlagabtauschs ist kein Realbezug, sondern lediglich ein „référent signifié."[40]

Wenn wir uns also – wie wir müssen – radikal als Subjekte des Atomzeitalters verstehen, so stützt sich doch diese unsere Realität auf ein Phantasma. Die Wirklichkeit, in der wir – unter der atomaren Drohung – leben, ist im Kern reine Erfindung, geboren aus einem Fabulieren über die Möglichkeit totaler Auslöschung. Das heißt aber: Das Leben im Zeichen der atomaren Drohung ist strukturiert wie das Unbewußte, in dem es „ein Realitätszeichen nicht gibt, so daß man die Wahrheit und die mit Affekt besetzte Fiktion nicht unterscheiden kann."[41] Seit WK II heißt diese eigentümliche Form der Weltwirklichkeit Kalter Krieg; er ist eine simulierende Antizipation des absoluten Ernstfalls als Medium staatlicher Selbstbehauptung.

Im Spektrum der Simulation tritt neben den Schein des Ernstfalls die militärische Steuerung durch den Schein im Ernstfall. Es geht nicht mehr vorrangig darum, den Feind aufzuspüren und zu töten, sondern ihn durch elektronische Täuschungsmanöver zu frustrieren. Störsender gibt es schon lange; aber man kann heute auch Radiokommunikation auf Phantomschiffen simulieren und durch akustische Transmitter verwirrende Unterwassergeräusche zirkulieren lassen. Zunehmend ersetzt die Täuschung die Abschreckung im Kriegsspiel; kriegsentscheidend wird die technische Implementierung des militärischen Täuschungsvermögens. Simulation und Dissimulation: Waffen, als ob es sie nicht gäbe (wie das Kampfflugzeug *Stealth*), und das Als ob von Waffen, die es gar nicht gibt – auch diesen Horizont reiner Scheinbar-

---

39 J. Derrida, Psyché, S. 368.
40 A. a. O., S. 369.
41 S. Freud, Aus den Anfängen der Psychoanalyse, S. 187.

keiten hat der WK II aufgerissen. „Optische und motorische Illusion verschmolzen im kinematischen Rausch des Blitzkriegs. Was diesen kennzeichnete, war die Geschwindigkeit, mit der Gegenstände, Bilder, Töne verbreitet wurden. Er kulminierte im Atomblitz.“[42]

Ganz konsequent haben dann die meisten Staaten nach dem Krieg ihre Rüstungsausgaben im Bereich der klassischen Waffensysteme zugunsten einer systematischen Logistik der Wahrnehmung reduziert; man investierte in Überwachungsanlagen, Beobachtungsstationen und computergestützte *war games* – Mediengewitter statt Stahlgewitter. Es geht nun einmal darum, Wahrnehmungsfelder zu erobern und das Gesetz ihrer Metamorphose zu fassen. Zum anderen wird die Welt zur Bühne einer Inszenierung der militärischen Kräfte. Denn je stärker die Waffensysteme vom Simulationsprinzip bestimmt sind, desto nötiger wird es, mit Theaterwaffen die Präsenz der Streit-Kraft zu manifestieren. Amerikanische Polemologen nennen das *perception management*; Virilio spricht von *logistique de la perception*.

Auch hier liegt der Schein des Ernstfalls im Spektrum militärischer Simulation dicht neben dem Ernstfall des Scheins. Die Logistik der Wahrnehmung umfaßt nämlich nicht nur die Inszenierungstechniken der Macht, sondern auch die Manipulation der Datenprozesse als Waffe. Der Schutz Englands vor den deutschen Luftangriffen erforderte Flakgeschütze mit Flugzeugpeilung durch Radar oder Ultrakurzwellen. Die deutschen Flugzeuge waren so schnell, daß in das Flakrechengerät Kommunikationsfunktionen eingebaut werden mußten. Bei der Feuerleitung geht es also erstmals um Kommunikation, die an Maschinen und nicht an Menschen gerichtet ist. Um hochbeschleunigte Ziele zu treffen, gilt es, den Irrtum zwischen der Position der Waffe und der antizipierten Position des Ziels zu minimieren. Dazu bedarf es eines vorlaufenden Feedbacks: Weil die Geschwindigkeit des zu treffenden Flugzeugs einen bedeutsamen Teil der Geschwindigkeit des Projektils ausmacht, darf man nicht einfach das wahrgenommene Ziel visieren; man muß so feuern, daß Projektil und Ziel irgendwann in der Zukunft zusammentreffen. Also mußte man eine Methode entwickeln, die es erlaubt, die zukünftige Position des Flugzeugs vorherzusagen. „Dieser Apparat der Luftabwehr, ein perfektionierter Entfernungsmesser, diente dazu, die Flugbahnen des anvisierten Flugzeugs und eines Flakgeschosses in einem bestimmten Punkt und zu einem bestimmten Zeitpunkt sich schneiden zu lassen; das tödliche Resultat wurde dadurch erzielt, daß die Bilder beider Verläufe auf einem Bildschirm in *Echtzeit* sich stereoskopisch überlagerten.“[43]

Space
tracks

---

42 P. Virilio, Krieg und Kino, S. 168.

43 A. a. O., S. 160; vgl. N. Wiener, Cybernetics, S. 5, 113.

Prinzipiell geht es also um ein *interface* von Realität und Simulation. Diese Technik wird schon von den preußischen Erfindern des Neuen Kriegsspiels Ende des 18. Jahrhunderts vorbereitet – davon zeugen heute noch die Zinnsoldaten. Jedes preußische Regiment wurde zum strengen Kriegsspiel angehalten, das nicht nur von wissenschaftlichen Anleitungen und Regelbüchern, sondern auch – schon im 19. Jahrhundert – von einer Datenflut auf Karten und Tabellen bestimmt wurde. *War games* bildeten das Vorspiel von WK I: Während Graf von Schlieffen den gleichnamigen Plan entwickelte, spielten Britische Offiziere die deutsche Invasion Belgiens vor – so können Simulationen kriegsentscheidend werden. Aber : „German faith in gaming did not wane through the war or even after defeat. Wargaming became the secret weapon of a Germany whose war machine had been dismantled by the Treaty of Versailles. Confronted by the restrictions that the Allies had imposed on the German Army, senior staff officers used war games, sometimes blandly called map maneuvers, to train a new generation of officers [...], issuing orders to phantom troops.“[44]

Vor diesem Hintergrund können dann die Invasion Frankreichs und der Rußlandfeldzug verstanden werden. Generaloberst Heinz Guderian, der Erfinder des Blitzkriegs, mußte bei der Planung der Frankreich-Invasion 1940 lediglich die Daten und Zeiten des entsprechenden Kriegsspiels austauschen. Echtzeitsimulation wurde aber erst im November 1944 in den Ardennen erzwungen: Die Leitung der Fünften Panzerdivision spielte gerade Defensivstrategien gegen einen möglichen amerikanischen Angriff durch, als tatsächlich ein starker amerikanischer Angriff im Bereich Hürtgen-Gemeter gemeldet wurde – genau da, wo man das Kriegsspiel inszenierte. Generalfeldmarschal Walther Model ließ nun weiterspielen und gebrauchte die Daten von der wirklichen Front als *input*. So spiegelte das Kriegsspiel die wirkliche Bedrohung, und die Offiziere gaben, parallel zu den Spielbefehlen, reale Befehle an die Front aus. Was so aus der Not geboren wurde, macht heute die Bedeutung der *war games* aus: Es geht um Spiele parallel zur Wirklichkeit; das *interface* von aktueller Krise und Simulation soll Echtzeit-Alternativen bereitstellen; Simulation ermöglicht die Differenzierung zwischen Optionen.

Was jenes Kriegsspiel des WK II noch von reinen Echtzeitsimulationen trennt, ist sein ikonischer Rest. Bis zur Schwelle des Computerzeitalters bleiben militärische Simulationen dem Prototyp von Sandkasten und Zinnsoldaten verhaftet: ikonische Darstellungen der wirklichen Welt. Erst Computerelektronik liquidiert die Differenz zwischen den Datenprozessen des Kriegsspiels und der Kommandozentrale –

---

44 Allen, a. a. O., S. 122.

und natürlich auch der Hobbyspiele am Heimcomputer. Denn der berühmte Film *War Games* zieht nur spektakuläre Konsequenzen aus der für Amerika ganz alltäglichen Verflechtung der kommerziellen und militärischen Nutzung von Video-Kriegsspielen. „In today's computerized games, players look at video displays whose artificial images often are exactly the same images that would appear on a real video display during a real war. In the combat control centers of modern war, commanders see electronic symbols of distant targets, not the targets themselves. Electronic wargaming is preparing generals and admirals for warfare that, to its managers, will look like a video game.“[45]

Unter Computerbedingungen gibt es keinen Unterschied mehr zwischen der technischen Implementierung eines Spielbefehls und der eines realen Kommandos; von den Schrecken des Kampfes sind sie beide gleich weit entfernt. Polemologische Simulation muß dem Tod nicht mehr ins Angesicht schauen, denn die Bilder auf den *displays* verschleiern die letale Wirklichkeit der Schlacht, die sie aufzeichnen und steuern.

*

Simulation ist eines jener wissenschaftlichen Zauberwörter, mit denen man heute versucht, der technischen Realität der neuen Medien, Computer und Waffensysteme gerecht zu werden. Von der Fiktion unterscheidet sich die Simulation dadurch, daß sie zwar auch die Realität unterläuft und hintergeht, dabei aber doch eine Wirklichkeit schafft. Die Simulation bringt Imaginäres und Reales zur Deckung. Wer sich das vor Augen führen will, muß sich nur an die Kriegsspiele der Supermächte erinnern: die real-irreale Welt des Kalten Krieges. Längst ist neben die Aufrüstung eine neue Kunst des militärischen Trugs getreten: Wichtiger als eigene Raketen zu bauen, wird die Fähigkeit, die des anderen zu ködern, Angriffsziele zu simulieren. Und auch die Produktion selbst ist ins Zeichen des großen Als-ob getreten: Die Waffentechniken werden vom Fortschritt der Rüstung so schnell überholt, daß gar keine Zeit mehr bleibt, um sie auf ihre Funktionstüchtigkeit und Brauchbarkeit zu testen. Leerlaufende Trugbildfabriken haben die schöne alte Welt von Arbeit und Negativität, Mensch und Geschichte in ein Spiel des Scheins aufgelöst.

Seit die Technologien der Simulation ins Leben selbst eingebrochen sind, verschwindet der Mensch im Simulakrum seiner Medien. *Cloning* und Elektronik scheinen zu verwirklichen, was Freud einmal

---

[45] A. a. O., S. 12.

den Prothesengott nannte. Sexuelle Beziehungen sind heute nicht intimer als die Verschaltungen mit den *gadgets* der elektronischen Welt, und persönlich heißt nur noch der *personal computer*. Der alteuropäische Mensch kann dieser reibungslosen Koexistenz von Mensch und Automat nur störend dazwischenkommen – sarkastisch fordert uns Jean Baudrillard auf, von den Behinderten die Kunst der Anpassung an das Mutanten-Milieu der neuen Medien zu lernen.

In der elektrifizierten Welt gibt es die Spannungen zwischen Oberfläche und Tiefe, Schein und Wahrheit nicht mehr; reine Datenflüsse kann man nicht mehr kritisch distanzieren. Deshalb spricht Baudrillard vom Kupplerhaften der elektronischen Datenprozesse und der absoluten Promiskuität aller Orte und Dinge in dem von neuen Medien und Computern bestimmten Environment. „On parle de proxémique des relations humaines, mais il faudrait parler de proxénétique de l'information, et de toute l'électronique, qui instituent la promiscuité absolue de tous les lieux, de tous les êtres humains, de la question et de la réponse, du problème et de la solution. Scatologie de l'information: le rêve d'une conductibilité absolue ne peut-être que laxatif et excrémentiel.“[46] Auch auf der Ebene der elektronischen Datenverarbeitung also treiben es alle mit allem und jedem. Es gibt keine Unvereinbarkeiten mehr – man denke nur an das *channel hopping*, das lustvoll spielerische Hin-und-her-Schalten zwischen den Empfangskanälen.

So wie uns die Lava Fragmente echter Antike und das Eis urzeitliche Tiere konserviert hat, so werden die Computer einmal Kunde geben von unserer Zeit – als katastrophisches Gedächtnis. Auch wenn EDV den Traum eines allen zugänglichen absoluten Wissens verwirklichen sollte, wird sie uns doch keinen neuen Blick auf die Welt eröffnen; gemessen am Bedürfnis lebendiger Weltwahrnehmung bleibt jedes *interface* steril. Das unausgesetzte kalte, blaue Licht des Fernsehers, die reine Vergängnis seiner Bilder und die Dimensionslosigkeit des Bildschirms sind die bestimmenden Faktoren einer neuen sozialen Existenz. Die Massenmedien schützen uns so vor der Nacht, dem Dunkel der Bildlosigkeit und der datenlosen Stille – also vor dem, was man *sensory depravation* nennt. „Nous devenons comme les chats, d'un parasitisme narquois, d'un domesticité indifférente. Bien au chaud dans le social, nos passions historiques se sont repliées dans la lueur d'une intimité artificielle et nos yeux miclos ne guettent plus que le défilé pacifique des images télévisuelles.“[47]

---

46 J. Baudrillard, Cool memories, S. 182.

47 A. a. O., S. 37.

Heute geschehen alle Ereignisse schon im Blick auf die Medien, die sie aufzeichnen und ausstrahlen: Was geschieht, wird von seinem Spiegelbild auf dem Bildschirm geformt. Welt ereignet sich im Spiegelspiel der Massenmedien. Wem das zu abstrakt klingt, der möge sich an die pyramidalen Aufbauten der internationalen Funk- und Fernsehanstalten vor der Berliner Mauer am Brandenburger Tor erinnern – die Präsenz der Medien beschwört das Ereignis. Wenn aber der Bildschirm das Weltgeschehen formt, verändert sich die Qualität der Bilder; sie sind nicht mehr perspektivisch distanziert und analog, sondern taktil und digital. D.h. Bilder der Massenmedien kann man nicht mehr betrachten, sondern sie rücken uns auf den Leib, schließen sich mit der Netzhaut kurz. Die digitale Revolution hat die Welt der Bilder total kontrollierbar und manipulierbar gemacht; wie die sogenannten Fraktale zeigen, können heute sogar die wildesten, unregelmäßigsten Naturformen medientechnisch reproduziert und überboten werden. „Nous n'acceptons plus d'images ou de sensations que manipulables. Nous n'attendons plus grand-chose de la substance des images, mais tout de leur manipulation tactile et digitale."[48]

Der Streit um die Wirklichkeit der Bilder ist alt. Jene archaischen Völker der Wüste, die sich die Welt noch nicht durch Geometrie, Gesetz oder *claim* unterworfen und noch Respekt hatten vor dem, was nicht menschlich ist, verehrten eine bilderlose Gottheit. Sie hatten noch Aufmerksamkeit für das Außermenschliche. Vor diesem Hintergrund wird die – wenn man so will: religiöse – Funktion des heutigen Bilderwahns deutlich: So wie der christliche Gott sich einmal aufgelöst hat in der ungläubigen Verehrung seiner Simulakra, so scheint heute die Wirklichkeit selbst hinter dem „alibi parfait des images"[49] zu verschwinden. So wiederholt sich der große Bilderstreit der monotheistischen Religionen im Zeitalter der Massenmedien unter ganz säkularen Vorzeichen. „La futilité de tout ce qui nous vient des media est commandée par l'impossibilité pour cette scène de rester vide. Musique, spots, flashs, publicité, information, film, speakerine ... pas d'alternative au remplissage de l'écran – sinon un vide sans appel. Nous sommes revenus à la situation byzantine oú l'idolâtrie se voile à grand renfort d'images le fait que Dieu n'existe plus."[50] Diese These wird vom Medienstar Woytila eindrucksvoll bestätigt; je mehr die christliche Substanz schwindet, desto wichtiger wird die Inszenierung der Gottes-Simulakra auf den Bildschirmen der Welt. Der Papst ruht nicht mehr in deren Zentrum Rom, sondern jettet rund um die Welt und füllt die Leere des Glaubens mit der Bilderflut seines Apostolats.

---

[48] A. a. O., S. 107.
[49] A. a. O., S. 225.
[50] A. a. O., S. 174.

Bilderflut und Bilderwahn sind die uns allen vertrauten Symptome eines Schwunds von Substanz und Sinn. Und dieses Verschwinden macht in seiner Zweideutigkeit die Grunderfahrung unserer Zeit des Weltspiels aus. Dem entspricht ein Denken, das die aktuellen Konsequenzen aus Nietzsches Wort vom Tod Gottes zieht. Daß Gott tot ist und wir es sind, die ihn getötet haben, heißt heute, daß das Politische und die Geschichte verschwunden sind. Wir leben im Posthistoire, das heißt in einer Zeit nach dem Ende der Geschichte im eigentlichen Sinne. „L'hystérie événementielle est elle-même un produit de la fin de l'histoire. Parce qu'il n'y a plus d'histoire, les évènements devraient être incessants. Parce qu'il n'y a plus de causes, il faut produire des effets sans discontinuer. Parce que rien n'a plus de sense, tout devrait fonctionner parfaitement."[51]

Und alle Zeichen deuten auf ein vollkommenes Verschwinden des Menschen: das soziale Koma seiner totalen Verwaltung, seine Betäubung durch die Effekte der Massenmedien und die Möglichkeit seiner genetischen Selbstherstellung – oder seiner nuklearen Selbstvernichtung. Aber vielleicht steht uns die Katastrophe gar nicht mehr bevor, sondern ist schon längst geschehen und hat einen Wunschtraum des Menschen erfüllt. Und vielleicht sind die Gleichgültigkeitseffekte, die die Medien durch die alltäglichen Bilder des Entsetzens in uns provozieren, Zeichen dafür, daß wir, weit entfernt, unser Verschwinden zu fürchten, es vielmehr als Gnade erhoffen – daß wir verschwinden, um wiederzukehren, indem wir in Konstellationen eintreten, die nicht mehr die des Menschen sind.

Solange unsere philosophischen Urszenen noch dem 19. Jahrhundert entstammen, denken wir dümmer als wir handeln. Alle Theoreme, in denen wir heute denken, sind von den genialen Geistesblitzen der Theoretiker zwischen den beiden Weltkriegen gezündet worden. Angesichts dessen erscheint die offizielle Philosophie nur noch als ein Trugbild des Geistes, ein billiges Mittel der Selbstbetäubung. Philosophie ist am Ende, weil ihre Irrealität heute das Prinzip des Realen selbst ist; ironisch könnte man sagen, daß sie endlich verwirklicht wurde. Kraft der Simulation erscheinen die Dinge heute selbst metaphysisch.

Was aber heißt dann noch denken? Die Aufgabe der Intellektuellen geht nicht mehr im Projekt der Aufklärung auf. Gefordert scheint nicht weniger als die denkende Vorwegnahme der Schocks zukünftiger Ereignisse. „On peut rêver d'une théorie qui procéderait, comme l'acupuncture, par toucher infinitesimal, par corrélation inattendue, à distance, de points sensibles qu'elle court-circuiterait avec ses aiguil-

---

[51] A. a. O., S. 54.

les d'or."[52] Nur das scheint noch möglich: die Akupunkturnadeln des Denkens an den neuralgischen Punkten der sozialen Systeme anzusetzen, um sie zur Implosion zu bringen.

3. Digitale Ästhetik

Daß die Geometrie der Fliegergeschwader, die Symphonie des Gewehrfeuers und das Parfum der Verwesungsgerüche eine eigene Ästhetik des Krieges fordere, klingt heutigen Ohren weniger blutrünstig und skandalös als uninformiert und veraltet. Marinetti schrieb noch vor der Schwelle eines Wissens, das heute jedes Kind an den sich selbst steuernden Cruise Missiles und Kriegsrobotern abliest: daß die Informatik zur neuen militärischen Grundwissenschaft geworden ist, die auch jene Ästhetik des Krieges in ganz neue Koordinaten zwingt. Immerhin bestätigt die Gegenwart Marinettis Visionen einer Aeroplastik, die im Flugzeug die Matrix des zukünftig Schönen feierten. Denn heute läßt sich sagen: Das Cockpit ist das ästhetische Urphänomen eines schmerzlosen Futurismus.

Der Raum der digitalen Ästhetik eröffnet sich nämlich, als im Zweiten Weltkrieg Experimente zur Optimierung der Bomber-Cockpits angestellt werden. Daraus resultiert zunächst nur eine neue Wissenschaft, die Ergonomie, über deren Gegenstand der englische Klartext Auskunft gibt: *human factors engineering*. Dieses *engineering* ist natürlich um so humaner, je weniger Menschenopfer die Optimierungsexperimente fordern. Die Entwicklung zielt auf eine schmerzlose Entfaltung von Experimental-Technologien auf dem Schauplatz künstlicher Wirklichkeiten; das neue Flugzeug wird dann nicht nur am Terminal des *Computer Aided Design* konstruiert, sondern auch probeweise geflogen.

Was mit der Ergonomie des Bomber-Cockpits im Zweiten Weltkrieg begann, vollendet sich im Flugsimulator: Piloten trainieren ohne Absturzrisiko in dreidimensional simulierten Welten. Entscheidend ist dabei, daß der Betrachter nicht mehr passiv dem Monitor konfrontiert bleibt, sondern direkt in den Bildablauf eingreifen kann. Flugsimulatoren implementieren eine interaktive Computergraphik und stellen so das Realmodell aller Videospiele (die in Wahrheit digitale Bildmaschinen sind). Computeranimation in Echtzeit und die programmierten

[52] A. a. O., S. 63.

Möglichkeiten des *Users*, die Bildemergenz unbeschränkt manipulieren zu können, tilgt die Differenz zwischen real und imaginär. „Für die Flugsimulation, die heute auch im zivilen Sektor eingesetzt wird, müssen die Reaktionen des Piloten in Realzeit, d. h. mit ca. 25 Bildern pro Sekunde, umgesetzt werden, damit er eine korrekte Wiedergabe der Bewegungseffekte seiner Steuerungsbefehle im dreidimensionalen Raum erhält."[53] Und hier bleibt dann nur noch ein letzter Schritt zu tun: nämlich reales und simuliertes Cockpit im Flugzeug selbst zu koppeln, um die Armaturen der Sinne zu kontrollieren und technische Störfälle zu simulieren. Solche Parallelcomputer sind längst nicht mehr nur, wie der legendäre HAL, Kinophantasien einer *Space-Odyssee*, sondern technische Wirklichkeit höchst irdischer Großraumflugzeuge.

Computersimulationen erproben Denkmöglichkeiten jenseits der Realität, weil diese Erprobungen *in* der Realität sei es zu riskant, sei es schlicht unmöglich wären. Sie stellen insofern technische Implementierungen von Denkmodellen dar. Hierin liegt ein starkes Argument für die notorische Analogie zwischen Computer und Gehirn. Beide sind ja Metamedien in dem genauen Sinne, daß sie alle exakt beschreibbaren, d. h. algorithmenfähigen Prozesse simulieren können. Ihr Verhältnis läßt sich mit McLuhans Mediendefiniens „extension of man" prägnant bestimmen. Alle medialen Extensionen sind ja optimierte Menschenvermögen. „Computersimulation ist wie jede andere teilweise externalisierte Simulation die Verlängerung eines inneren Modells, Extension, die wegen ihrer Zuverlässigkeit im Detail, Kompliziertheit und Geschwindigkeit im allgemeinen weit bessere Ergebnisse ermöglicht als die Ausgangsvorstellung, zum Beispiel auch Fehlerhaftigkeiten der Vorstellung schneller und unbarmherziger sichtbar macht – man braucht bloß an die Unterstützung des Denkens durch Papier und Bleistift zu erinnern."[54]

Computersimulation leistet eine maschinelle Affirmation von Nichtseiendem aber allein durch Gedankengewebe. Deshalb hinkt Oswald Wieners Vergleich mit der Gedankenstütze aus Papier und Bleistift. Denn was Computergraphik von der flüchtigsten Zeichnung noch entscheidend trennt, ist ihre Immaterialität. Computersimulation kennt keinen Materialwiderstand mehr. „Wollte der Computer

[53] D. von Hase, „Computerfilm", S. 140; vgl. H. van den Boom, Digitale Ästhetik, S. 148, 160 und Virilio, Der negative Horizont, S. 216 f.

[54] O. Wiener, „Turings Test", S. 28. – Den komplementären Versuch, die Funktionsweise des Gehirns als Simulationsspiel zu beschreiben, unternimmt Richard Dawkins, zit. nach: Einsicht ins Ich, S. 140: „Vielleicht entsteht Bewußtsein dann, wenn das Gehirn die Welt so vollständig simuliert, daß diese Simulation ein Modell ihrer selbst enthalten muß."

,Materialität' vorzeigen, müßte er sie simulieren [...]. Wir denken, erträumen uns Bilder – und schon sind sie Realität. Auch umgekehrt: Wir glauben es mit Realität zu tun zu haben – doch es sind nur Bilder. Unsere Weltbilder werden zu ,Bildwelten', freilich zu digitalisierten Bildwelten, und dies bedeutet, sie gründen sich auf eine Zerlegung in der Analyse."[55]

*

Daß die meisten Menschen heute – und gerade die kritischen Intellektuellen – die digitale Ästhetik der Computersimulation noch nicht als Spielraum des Möglichen nutzen, sondern als Phantomwelt perhorreszieren, ist die historisch letzte Gestalt der tiefen Angst vor dem Schein. Der Appell an die ,Wirklichkeit' funktioniert dabei wie ein Fetisch, mit dem die Medizinmänner des kritischen Bewußtseins einen Gegenzauber gegen die Welt der errechneten Bilder veranstalten. Eine Abklärung solcher ,Aufklärung' würde aber zeigen, daß Wirklichkeit und Schein im Weltwissen keine bündige Disjunktion, sondern allenfalls noch eine in bestimmten Kontexten operationale Differenz darstellen. Wirklichkeit ist das Integral ihrer Simulationen: Welt verstehen heißt heute sie in Computerdarstellungen simulieren können.

Angst vor dem Schein, die sich als kritisches Bewußtsein rationalisiert, neigt dazu, eine Tradition des Denkens zu verdrängen, die der Welt der Computer den Weg geebnet hat – etwa Hobbes, Pascal und Leibniz. Johann Heinrich Lambert hat in seinem *Neuen Organon* sehr schön gezeigt, daß der entscheidende Schritt des Denkens darin bestand, die Theorie der Sachen auf eine Zeichentheorie zu reduzieren; zumal Leibniz konnte ja demonstrieren, daß man mit zwei Ziffern alle möglichen Zahlen vorstellen und damit alles mechanisch rechnen kann – Rechnungen, die dann in der Tat durch Maschinen ausgeführt werden können. Die Algebra war der Schlüssel zur Universalcharakteristik. „Wird aber eine Aufgabe aus andern Wissenschaften auf eine algebraische reduziert, so kann man von derselben ganz abstrahieren, und die Auflösung der algebraischen Aufgabe ist zugleich auch die von der andern Aufgabe, welche man auf die algebraische reduziert hat."[56]

Universalcharakteristik nennt Leibniz das Programm, durch algebraische Darstellung jedem Gegenstand eine charakteristische Zahl zuzuordnen. In einem solchen System charakteristischer Zahlen hat er ein neues Organ der Menschheit gesehen, das allen anderen

[55] H. van den Boom, Digitale Ästhetik, S. 163.
[56] J. H. Lambert, Neues Organon, Semiotik Nr. 34.

„extensions of man" (wie etwa den optischen Instrumenten) unendlich überlegen sei. Doch erst die Rechner des 20. haben das Leibniz-Programm des 17. Jahrhunderts erfüllt: Computer sind die technische Implementierung der „möglichen Welten". Und auf Widerstände gegen die Simulationsergebnisse der großen Rechner reagiert man heute in der Tat mit dem Formular, das Leibniz denen entgegenhielt, die seine philosophischen Resultate bezweifelten: Lassen Sie uns rechnen, Monsieur!

Doch niemand hat radikaler die syntaktischen Verknüpfungen des Denkens als Rechenvorgang entzaubert als Thomas Hobbes. Im *Leviathan* heißt es *Of Reason, and Science* großartig nüchtern: „When a man *Reasoneth*, hee does nothing else but conceive a summe totall, from *Addition* of parcels; or conceive a Remainder, from *Substraction* of one summe from another [...]. These operations are not incident to Numbers onely, but to all manners of things that can be added together, and taken one out of another. [...] Writers of Politiques, adde together *Pactions*, to find mens *duties*; and Lawyers, *Lawes*, and facts, to find what is *right* and *wrong* in the actions of private men.[...] For *Reason*, in this sense, is nothing but *Reckoning* (that is, Adding and Substracting) of the Consequences of generall names agreed upon, for the *marking* and *signifying* of our thoughts."[57]

Diesem Hobbes'schen Reduktionismus folgend hat dann George Boole das logische Denken als rechnendes Operieren analysiert und in der Symbolsprache eines Kalküls dargestellt. Diese binäre Boolesche Algebra ist der Hardware jedes Computers als Schaltalgebra implementiert – ein Rechnen, das nur zwei Ziffernsymbole benutzt, und dessen Arithmetik vollständig auf Additionen und diese wiederum auf die binäre Logik des Leibniz zurückgeführt werden können. Seither sind auch Sätze addier- und multiplizierbar; die symbolische Ordnung stellt sich nun in Computeralgorithmen dar.

Algorithmen sind ja im Grunde nur strenge Gebrauchsanweisungen – formale Definitionen eines schematischen Verfahrens. Und Computer tun nichts anderes, als – algorithmengeleitet – Zeichenketten zu speichern und zu transformieren. Daß solche Manipulationen von Zeichenketten maschinisierbar sind, war, wie gesehen, schon dem 17. Jahrhundert selbstverständlich; insofern ist die Entstehung des Computers der Geschichte logischer Formalisierungen einbeschrieben. Es geht im Kern also um die wohldefinierte Applikation eines Regelsatzes zur Transformation von Zeichenketten – nichts anderes aber ist die berühmte Turing-Maschine. Sie leistet eine in Digitalschritten prozedierende Abarbeitung berechenbarer Aufgaben. Man könnte sagen:

---

[57] Hobbes, Leviathan, S. 110 f.

Die Turing-Maschine vergegenständlicht den Begriff des Algorithmus. Die Datenverarbeitung durch syntaktische Regeln emanzipiert sich genau insoweit vom Menschen, als diese Regeln durch Schaltkreise der Maschine implementiert werden. Das Programm erspart die Urteilskraft. Universell ist die Turing-Maschine deshalb, weil sie die Leistung jedes beliebigen Digitalrechners simulieren kann. Um die Exaktheit dieser Simulation von Computern durch Computer von der modellhaften Annäherung in der Simulation von Naturvorgängen zu unterscheiden, spricht man von Emulation. Das Imaginäre von Menschlich-Allzumenschlichem und Seelenlauten kann dem algorithmischen Vollzug des Symbolischen nur störend dazwischenkommen. Für die logische Tradition von Hobbes bis Turing ist Denken, befreit vom Imaginären, rechnendes Denken und deshalb maschinisierbar. Daß Computer denken können, ist eben dann kein Problem mehr, wenn man Denken als das definiert, was den Turing-Test besteht: Denken ist Simulieren. Allerdings operiert es mit einer Sequenz von Befehlen, d.h. es folgt einem Programm. Ende des Zweiten Weltkriegs hatte John von Neumann die Idee, das Programm ebenfalls in der Maschine abzulegen. Es wird als Folge von Dualzahlen im selben Speicher wie die binarisierten Daten selbst gespeichert. Mit ihrer Adreßarithmetik emanzipiert sich die von-Neumann-Maschine von der linearen Programmierung. Genau darauf zielt aber das neue Zauberwort von der Rekursion. „Der adressierbare Programmspeicher ermöglicht den *bedingten Sprung*. […] Er macht das Ziel des Sprungs von dem Zustand abhängig, in dem sich die Maschine im fraglichen Augenblick befindet.“[58]

Doch auch das Ende der von-Neumann-Maschine, die heute jeder in Gestalt eines PCs bei sich zuhause stehen hat, zeichnet sich bereits ab. Die japanische Fünfte Generation emanzipiert das Funktionieren der Computer nun gar von der Basis arithmetischer Operationen; an die Stelle Turingscher Datenverarbeitung treten *knowledge information processing systems*.

Auch die von David Rumelhart und James McClelland entwickelte Idee eines *parallel distributed processing* orientiert sich nicht mehr an linearer Programmierung und arithmetisch basierter Datenverarbeitung. Sie begreifen Intelligenz als Emergenz der Interaktionen einer Vielzahl einfacher Prozeßeinheiten; dem entspricht ein Begriff von ‚Verstehen‘ als *interplay* verschiedenster Wissensquellen. Entscheidend ist dabei die distributive Repräsentation nach dem Modell des Gehirns, das ja keine bestimmten Zellen zur Speicherung bestimmter Daten hat. Es geht hier also um die technische Implementierung des

---

[58] H. van den Boom, Digitale Ästhetik, S. 81.

menschlichen Datenprozesses, der als dynamisches, interaktives, sich selbst organisierendes System begriffen wird. Auch in den Computern des *parallel distributed processing* kann man – im Gegensatz zum traditionellen *computer memory* – keine bestimmte Stelle lokalisieren, wo bestimmte Daten abgespeichert sind; nicht aktivierte *patterns* existieren also auch nicht, doch können sie immer wieder evoziert werden. „Each active unit represents a ‚microfeature‘ of an item, and the connection strengths stand for plausible ‚microinferences‘ between microfeatures."[59] Information ist hier also nicht mehr an einer bestimmten Stelle, sondern ‚überall‘ gespeichert; *parallel distributed processing* findet sie weniger als daß es sie evoziert.

*

All diese jüngsten phantastischen Optimierungen des maschinisierten rechnenden Denkens orientieren sich an Modellen, die man von den menschlichen Gehirnfunktionen entworfen hat. Der Simulation des Gehirns durch den Computer entspricht in genauer Komplementarität das kybernetische Menschenmodell. Wenn der Mensch post WK II sich über sich selbst ins Bild setzt, glaubt er sich ja nicht mehr von Hebeln und Pumpen bewegt, sondern deutet das Nervensystem als Steuerungssystem (also „kybernetisch" im Wortsinne) eines gigantischen Datenprozesses. Die entscheidende Leistung dieses biologischen Computers definieren die Konstruktivisten heute als kognitive Homöostase: „Das Nervensystem ist so organisiert – oder organisiert sich selbst so –, daß es eine stabile Wirklichkeit errechnet."[60]

Der Durchbruch zum kybernetischen Menschenbild gelang bekanntlich Norbert Wiener. Er hat in der Vakuumröhre das ideale Mittel zur technischen Implementierung des Nervensystems erkannt. Eine Synapse ist ja nichts als ein Mechanismus, um zu bestimmen, ob eine Kombination der *outputs* von anderen seligierten Elementen als adäquater *stimulus* für das Entladen des nächsten Elements funktioniert oder nicht. Die Analogie zur Rechenmaschine liegt auf der Hand. Denn der Alles-oder-nichts-Charakter der Entladung von Neuronen entspricht genau der Wahl bei der Bestimmung eines *digits* auf der binären Skala, die dem Computer zugrunde liegt. Für Wiener war deshalb klar, „that the ultra-rapid computing machine, depending as it does on consecutive switching devices, must represent almost an ideal model of the problems arising in the nervous system."[61]

---

59 D. E. Rumelhart, Parallel distributed processing I, S. 80.

60 H. v. Foerster, „Das Konstruieren einer Wirklichkeit", S. 57.

61 N. Wiener, Cybernetics, S. 14. – Wie diese Wienerschen Analogien dann im Horizont eines ‚paleokybernetischen Zeitalters‘ zuende gedacht werden können, demon-

Der kybernetische Entwurf der Welt als Regelkreis erlaubt es, das, was die Philosophen einmal Subjekt-Objekt-Beziehung genannt haben, als Rückkopplung des Regelkreises Mensch-Welt zu deuten. Das antiquiert den alteuropäischen Menschen und prägt das In-der-Welt-Sein als In-Formation. Vor der Perfektion der neuen Medien- und Computertechnologien ergreift die humanistische Erfindung Mensch Scham darüber, ein Mängelwesen zu sein. Jeder Vergleich von Individuen mit elektronischen Netzen erweist den Menschen als schlampig produziertes, dummes Netz mit defekten Schaltkreisen des Denkens und instabilen Rückkopplungen. In einer Welt, in der Geist als Programm entzaubert worden ist, muten Ideen wie ‚freier Wille' oder ‚Selbst' wie mythische Rudimente einer grauen Vorzeit an. In dieser Einsicht terminiert die Geschichte der narzißtischen Kränkungen *Des* Menschen. „The psychoanalytic subject is decentered in the web of the unconscious; the deconstructionist subject is decentered in language; the computational subject is decentered – indeed, perhaps dissolved – in the idea of program."[62]

Diese jüngste narzißtische Kränkung provoziert immer wieder den alteuropäischen Einwand, für den Computer hätten die codierten und gespeicherten Daten gar nicht den Charakter von Information. Information sei erst durch menschliche Interpretation der Daten zu gewinnen; der Computer reduziere eingegebene Informationen immer wieder auf den Datenkern zu prozessierender Symbolketten. So hat etwa Searle auf die Zweideutigkeit des Daten-Begriffs hingewiesen, der darin begründet sei, daß der Computer zwar eine Syntax, aber keine Semantik habe und Intentionalität nicht kenne. Gerade deshalb aber klammert Claude Shannons kybernetische Informationstheorie die semantische Dimension des Kommunizierten systematisch aus. Die Semantik der Kommunikation ist für die Technik der Datenverarbeitung irrelevant; es kommt also darauf an, Information nicht mit Bedeutung zu verwechseln – ein *bit* zeigt ja lediglich an, welche der

---

striert Gene Youngblood, Expanded Cinema, S. 184f : „As the basic component of the electronic brain, the ferrite memory core is equivalent to the neuron, the fundamental element of the human brain, which is also a digital computer. [...] The hardware of the human bio-computer is the physical cerebral cortex, its neurons and synapses. The software of our brain is its logic or intelligence, that which animates the physical equipment." Die jüngsten Ergebnisse der Neurophysiologie und Hirnforschung scheinen die Hoffnungen dieser Großen Analogie allerdings zu enttäuschen; Relais erscheinen im Lichte dieser Forschungen nicht mehr als adäquate Modelle für Neuronen, und Synapsen funktionieren offenbar nicht ausschließlich als digitale Mechanismen, sondern als hochkomplex analoge.

[62] S. Turkle, „Artificial Intelligence and Psychoanalysis", S. 245 - vgl. hierzu: Bolz, „Der geklonte Mensch – der letzte Mensch", S. 274 ff., Baudrillard, Cool memories, S. 153, 253 f. und zum Begriff des Programms: Derrida, De la grammatologie, S. 19 ff.

gleichwahrscheinlichen Alternativen gewählt wurde. Datenverarbeitung ist kein Kapitel der Sprachtheorie; sie prozediert durch Algorithmen. Und in der Tat geht es bei Computern – wie bei allen neuen Medien – nicht um die imaginäre Welt von Intentionalität und Bedeutung, sondern um die Verarbeitung realer Kontingenzen. So eröffnet ihre binäre Signalverarbeitung einen neuen, nie zuvor betretenen Raum: eine digitale Ästhetik, die erstmals den stochastischen Elementen, dem Zufall der Welt, gewachsen ist. Hier enden die Funktionen des Fiktiven, und Simulation wird zum Königsweg des Wirklichkeitssinns.

*

75 % aller Informationen gelangen durch die Augen ins Gehirn. Etwa hundert Millionen Sensoren in der Retina sind durch nur fünf Millionen Nervenbahnen mit dem Gehirn verbunden. Daraus läßt sich schließen, daß das Auge selbst ein Codierungsmechanismus ist; es gibt demnach eine Informationsverarbeitung im Auge, noch bevor die Daten zum Gehirn gelangen. Da liegt es – gemäß der Analogie zwischen Computer und Gehirn – nahe, die elektronische Datenverarbeitung durch Visualisierung der Daten zu optimieren. Um die zu kommunizierenden Informationsmengen noch weiter steigern und die in den Archiven abgelegten wissenschaftlichen Daten überhaupt auswerten zu können, müssen sie durch simulative Visualisierung in ihrer Komplexität reduziert und ‚redundanzsuperisiert' werden. Es geht also zunächst darum, die Datenflut in eine digitale Bilderflut zu verwandeln. „Über das Auge kann ein Dateneingang von ca. zwei Gigabyte pro Sekunde verarbeitet werden, was heutige Supercomputer kaum fertigbringen. Nur indem man die wissenschaftlichen Daten in eine visuelle Form bringt, die dem Menschen adäquat ist, und zugleich dem Wissenschaftler ermöglicht, mit dem System interaktiv zu kommunizieren (d. h., utopisch gesprochen, wie der Pilot am Flugsimulator durch Wissenschaftsdaten oder Modelle zu navigieren), kann die Informationsflut in effizientere Bahnen gelenkt werden."[63]

Schon spricht man vom Anbruch eines neuen visuellen Zeitalters, in dem uns die errechneten Bilder der Computersimulation mit zwei- und dreidimensionalen Informationen versorgen werden. *Scientific Visualisation* erhöht aber nicht nur die Geschwindigkeit und Kapazität der Datenverarbeitung, sondern sprengt die Fesseln, in die das Beschreibungssystem der verbalen Sprache unser Denken gelegt hat: Schleifen, Rekursionen, Rückkopplungen und Netzwerke lassen sich

[63] D. von Hase, „Computerfilm", S. 146 f.

durch Visualisierung leichter denken. Durch ihre computergraphische Repräsentation werden mathematische Gleichungen nun gleichsam palpabel und Naturprozesse in ihrer Komplexität intuitiv verständlich.

*

Die Bilder der digitalen Ästhetik sind scheinlos; sie entstehen in einem graphischen Spiel der Redundanz. Wiederholung und Regelmäßigkeit sind ihnen so wesentlich, daß Kriterien wie ‚Echtheit' und ‚Einmaligkeit' an ihnen abgleiten. Insofern stellt die Computergraphik das Spitzenprodukt der von Walter Benjamin noch im Film agnoszierten Kunstwerke im Zeitalter ihrer technischen Reproduzierbarkeit dar. „Ästhetik im Zeitalter des Computers verzichtet auf die Aura [...]; und das macht sie zum ‚Design'."[64] Sein Gegenstandsbereich ist die Schnittstelle zwischen Mensch und Maschine – man nennt sie auch Benutzeroberfläche. Sie ist derjenige Teil einer als Programm dargestellten Apparatur, mit dem Menschen, die sie gebrauchen, in Berührung kommen. Die Computersimulation, die im Design-Prozeß solche Benutzeroberflächen entwirft, bezieht sich also primär nicht auf das technische Objekt, sondern auf den *user*; die Produktformen werden als Lebensformen behandelt. Das heißt aber: Die Simulation des Designs von Hardware ist softwareorientiert. Die digitale Ästhetik des Designprozesses soll also genau die Kluft überbrücken, die von den spröden, unlesbaren Bedienungsanleitungen unserer Geräte dokumentiert wird.

Und auch eine zweite Überlegung Benjamins gewinnt in diesem Zusammenhang überraschende Aktualität: Er hat im Film das Medium einer prinzipiell unbegrenzten Perfektibilität erkannt; ‚Vollendung' ist als ästhetisches Kriterium nun eben so obsolet wie ‚Echtheit'. Das gilt aber *a fortiori* von der Computersimulation. Sie kennt prinzipiell keine Grenze der Vervollkommnungsfähigkeit, d.h. sie muß nie von neuem beginnen und ist nie fertig; die gespeicherten Informationen sind ja beliebig oft revidierbar. Insofern ist der Computer das perfekte Übungsgerät – er objektiviert den Willen zur Optimierung; man nennt das heute *debugging*.

Der Test technischer Geräte kann derart in den Designprozeß selbst integriert werden – Grenzwert wäre die Echtzeitanimation. Es handelt sich dabei aber nicht einfach um eine Surrogatform realer Materialprüfungen, denn „Simulation ist der Wirklichkeit in Bezug auf visuelle *Argumentation* für die Entscheidungsfindung sogar überlegen, nämlich dort, wo sie ‚vergrößert', ‚heraushebt', ‚übertreibt', ‚verdeutlicht'

[64] H. van den Boom, Digitale Ästhetik, S. 90.

(Zeitlupe, Zeitraffer, Überblendungen usw.). Dann ist die Simulation selber argumentativ geworden."[65] Das digitale Bild funktioniert hier als Sonde, die tief in die Struktur der Wirklichkeit eindringt – Schein exploriert das Sein. Damit erweist sich die Computersimulation aber als genaue technische Implementierung der menschlichen Entfaltung von Motorik und Sinnestätigkeit; auch sie werden ja, wie die Kognitionspsychologie gezeigt hat, primär nicht in gegenständlichem Handeln, sondern an Phantasmen eingeübt. Gerade Phantasien und bloße Vorstellungen sind die wesentlichen Mittel unseres Wirklichkeitsbezugs. Nicht anders konstruieren Computer Wirklichkeit aus errechneten Bildern. „Die Illusion ist vielleicht die wahre geschichtliche Gestalt der – in der bisherigen Geschichte so vielfach schreckeinjagenden – Realität. Die Realität wird eines nicht zu fernen Tages bloßes Medium von Vorstellungen, Phantasien und Illusionen sein."[66]

Unter Computerbedingungen gewinnt das McLuhansche Mediendefiniens „extension of man" neue Prägnanz; in diesem Sinne bestimmt etwa die Videokünstlerin Loren Sears Television und digitale Bildproduktion als *neuro-aesthetics*. Denn in der Tat wird der Welt unter dem Akronym ISDN ein neues Nervensystem technisch implementiert: *integrated services digital network* – ein weltumspannendes Kommunikationsnetz aus Satellitenverbindungen und Glasfasern, durch die – jenseits von Sinn und Bedeutung – unermeßliche Datenströme und Bilderfluten geschaltet werden. Aber erst absolute Kompatibilität der Hardware durch serielle digitale Schnittstellen würde eine totale Vernetzung, die Weltgleichschaltung, ermöglichen. Zu digitalisierten Datenmengen egalisiert, wären dann die verschiedensten Informationsarten – also Bild, Ton, Text und Simulation – beliebig mischbar. An der Software, mit der man solche Medienmischungen über die Benutzeroberfläche eines Computers steuern kann, arbeitet man heute unter dem Zauberwort Hypermedia. Erst der Computer nämlich ‚säkularisiert' die verschiedenen telekommunikativen Medien in einem interaktiven Raum der digitalen Ästhetik. Sein Umfang entspricht, seit es tragbare Datenterminals gibt, virtuell dem der elektrifizierten und verkabelten Welt. Das Hier und das Jetzt sind für den Raum der digitalen Ästhetik ebenso gleichgültig wie die Positionen von Sender und Empfänger unspezifisch. Die Ästhetik des elektronischen Netzes entfaltet sich natürlich ganz unabhängig davon, ob sich Künstler in diesem Raum neu zu orientieren lernen, oder weiter Phantasmen wie der Post-

---

[65] H. van den Boom, „Vom Modell zur Simulation", S. 35; vgl. H. van den Boom, Digitale Ästhetik, S. 29, 34 und C. Perincioli/ C. Rentmeister, Computer und Kreativität, S. 59 (über Computer als „Selbstinszenierungsmaschinen").

[66] H. van den Boom, Digitale Ästhetik, S. 185.

moderne nachjagen. Die moderne Post hingegen hat sich bereits orientiert.

*

Bert Brecht hat einmal die bedeutsame Bemerkung gemacht, die Wirklichkeit sei in die Funktionale gerutscht; das spricht jedem bloß abbildenden Weltverhalten die Kraft der Erkenntnis ab. Doch was den abbildenden Bildern der Kameras mißlingt, scheint nun gerade die Spitzenleistung der in Computersimulationen errechneten Bilder zu sein: Computergraphiken implementieren die extreme Integrationskraft des Auges in visueller Datenverarbeitung und machen so hohe Komplexitäten wahrnehmbar – Kontrolle der Welt im errechneten Bild. *Experimentum crucis* dieses Projekts ist die Beobachtung von Chaos. Ermöglicht wurde sie durch die computergraphische Visualisierung des mathematischen Studiums nichtlinearer Dynamik. Benoit Mandelbrots Versuch „to split chaos“[67] hat im Ungesonderten und Irregulären Inseln der Ordnung und Regelmäßigkeit entdeckt.

Um aber zu einer Morphologie des Amorphen vorzudringen, mußte die Euklidische Geometrie gesprengt werden. Ein Initialdatum ist Weierstrass' Nachweis stetiger, aber nichtdifferenzierbarer Funktionen 1875. Diese irregulären Kontinua haben die Mathematik in eine Krise der Anschauung gestürzt. Denn vor der Ära der Computersimulation implizierte die Formel einer Kurve, an die man keine Tangente anlegen kann, Unanschaubarkeit. Erst Mandelbrots Computerkünsten sind die entscheidenden Eroberungen in der Mathematik des Monströsen und der Visualisierung ‚pathologischer' Strukturen gelungen.

Die Weierstrass-Funktion muß nun nur noch durch eine physikalische Beobachtung ergänzt werden: Die sog. Brownsche Bewegung zeigt sich, wenn man mit dem Mikroskop kleine, in Wasser getauchte Partikel verfolgt – anstatt, wie zu erwarten wäre, regelmäßig unterzusinken, führen sie vollkommen ungeordnete Bewegungen aus. Die Brownsche Trajektorie wächst unbegrenzt. Damit zerfällt aber der traditionelle Dimensionsbegriff, denn die topologisch eindimensionale Kurve füllt allmählich die Ebene. Diese dimensionale Diskordanz markiert der Mandelbrotsche Neologismus *Fraktal*. Fraktale haben eine nichtganzzahlige Dimension, d. h. sie haben keine Geraden und Ebenen. Fraktal heißt demnach das nichttopologische Moment einer Form. Sofern also eine – topologisch eindimensionale – Kurve etwa nach der Brownschen Bewegung allmählich eine Ebene füllt, hat sie fraktal die Dimension 2. Wenn man sich solche dimensionalen Diskor-

[67] B. Mandelbrot, in: The Beauty of Fractals, S. 157.

danzen vor Augen führen will, muß man sich nur ein Wollknäuel oder ein zerknittertes Taschentuch vorstellen.

Die Inseln der Ordnung im Chaos, die Computer mit errechneten Bildern rekonstruieren können, weisen Eigenschaften auf, die auch verständlich machen, warum Mathematiker und Informatiker die Bilder des holländischen Malers M. C. Escher wie Ikone ihrer Weisheit verehren: Selbstähnlichkeit und Skaleninvarianz (also die Invarianz gegenüber Maßstabsänderungen). Schon Leibniz hatte ja mit einem grandiosen Bild der Skaleninvarianz den Eindruck eines „mouvement confus et grouillement" in der Natur als bloßen Schein zurückgewiesen: „Les Machines de la Nature, c'est à dire les corps vivans, sont encore des Machines dans leurs moindres parties, jusqu'à l'infini. [...] Ainsi, il n'y a rien d'inculte, de stérile, de mort dans l'univers, point de chaos, point de confusions qu'en apparence"[68] – das ist der Grenzwert des Mandelbrot-Programms: to split chaos. Immerhin ist man schon heute so weit, die scheinbar totale Regellosigkeit etwa in der Struktur der Erdoberfläche oder der Entwicklung von Konkurrenzmarktpreisen auf skaleninvariante Fraktale transparent zu machen.

Die Grundbegriffe dieser fraktalen Geometrie der Natur hat Benoit Mandelbrot in aller wünschenswerten Deutlichkeit definiert: „Aus dem lateinischen Adjektiv *fractus* habe ich *Fraktal* geprägt. Das entsprechende lateinische Verb *frangere* bedeutet ‚zerbrechen: unregelmäßige Bruchstücke erzeugen'. [...] Während das Grundwort *Fraktal* auf Unordnung hinweist und Fälle von widerspenstigen Irregularitäten enthält, deutet das Adjektiv *skaleninvariant* auf eine gewisse Ordnung hin."[69] Der Indifferenzpunkt von Ordnung und Chaos ist die Struktur der Selbstähnlichkeit. Man findet sie sowohl im natürlichen Chaos (wie etwa bei Turbulenzen und Wolkenbildungen) als auch in jenen rekursiven Zahlenmengen (– der *output* wird zum *input* derselben Berechnungsformel –), die Mandelbrots Lehrer Gaston Julia entdeckte. Doch ohne die Rechenleistungen moderner Computer wäre die Verknüpfung zwischen Selbstähnlichkeiten im Naturchaos und der Menge von Zahlen, die sich durch rekursive Berechnung aus der je vorhergehenden ergeben, unvollziehbar geblieben. Seither hat man strukturelle Einsichten in chaotische Naturvorgänge genau in dem Maße, als man die Formeln ihrer rekursiven Abbildung angeben kann. Sie faszinieren durch ihre Einfachheit – wie etwa der Mandelbrot-Set: $x_{n+1} = f(x_n) = x_n^2 + c$. Mit solchen Iterationsgleichungen produzieren Computersimulationen technogene Naturformen. Ohne Kunst zu sein, überbietet

---

[68] Leibniz, Monadologie, Nr. 64 und 69.

[69] B. Mandelbrot, Die fraktale Geometrie der Natur, S. 16 und 30.

die digitale Ästhetik hier alles, was Kunst je hoffen konnte. Sie durchdringt den Schein des Ungesonderten und macht die „Fabrik der Natur“[70] sichtbar. Die in Rekursionsformeln simulierte *natura naturans* konstruiert Wirklichkeit aus Algorithmen.

Digitalisierung verwandelt alle analogen Signale in computerlesbare. Das gilt für Klänge ebenso wie für Bilder, Linien oder Buchstaben. Derart digitalisiert können Rechner alle Bilder und Geräusche der Welt speichern, ordnen und für beliebige Transformationen (Kopie, Analyse, Resynthese) abrufbereit halten. So ermöglicht es die Technik der *blue box*, vor einem blauen Hintergrund aufgenommene Einzelfiguren in andere Bilder hineinzukopieren; entsprechend können *backgrounds* isoliert und auf Vorrat gedreht werden, um dann im Archiv auf beliebigen Abruf zu warten. Die Figuren emanzipieren sich von ihrem Schauplatz. Es wäre sinnlos, hier noch von Spezialeffekten zu reden; denn im digitalen Video liegen alle Bildelemente phänomenologisch auf der gleichen Ebene. Digitale Bilder sind virtuell unendlich transformierbar. Auch hier erweist sich die Wirklichkeit als Integral ihrer Simulationen, denn unsere Weltwahrnehmung selbst ist digitalisierbar. „Daß wir 25 Bilder pro Sekunde als in Echtzeit laufende Bewegung ansehen und die Quantisierung eines Tons in 96 Werte pro Sekunde voll ausreicht, um alle musikalischen Feinheiten ausdrücken zu können“[71], ist die sinnesphysiologische Bedingung der digitalen Ästhetik.

Wie die Turingmaschine alle digitalen Computer, so kann die Computergraphik alle Bilderstellungstechniken simulieren; sie darf deshalb als Universalmedium der Visualisierung verstanden werden. Die Computergraphik ist das Bild schlechthin. Seine Generierung erfordert ein ästhetisches Programm, das aus einem Zeichenrepertoire, Verknüpfungsregeln und bestimmten Selektionsentscheidungen (Filtern) besteht; es wird dann in einen Algorithmus und dieser schließlich in die Maschinensprache des Computers übersetzt. Deshalb verfährt Kunst unter Computerbedingungen permutationell: „Die Maschine erforscht systematisch ein Möglichkeitsfeld, das durch einen Algorithmus defi-

---

[70] A. a. O., S. 430. – Vgl. zur Geburt der digitalen Ästhetik aus dem Geist der Rekursion: S. Turkle, „Artificial Intelligence and Psychoanalysis“, S.264 („recursion as a scientific aesthetic“)

[71] Perincioli/Rentmeister, Computer und Kreativität, S. 218; besonders eindrucksvoll gelingt hier die Darstellung der Computerspeicherung von Weltgeräuschen und der integralen Errechnung des Sound-Spektrums: a. a. O., S. 198–203. – Zurecht hat Baudrillard, Cool memories, S. 114, in der „synthese positive immédiate de l'image“ das Ende der Geschichte und ihrer Arbeit des Negativen erblickt. *Terminus ad quem* ist die dreidimensionale Animation in Echtzeit; vgl. hierzu wiederum Perincioli/Rentmeister, a. a. O., S. 50 f.

niert ist.“[72] Der Computer exhauriert die Kombinationsvielfalt und versetzt so den Artisten erstmals in die Lage, sich der Komplexität selbst gewachsen zu zeigen; seine ästhetische ‚Subjektivität‘ reduziert sich auf Wahlakte angesichts der permutationellen Variationen eines Algorithmus. So führt uns die digitale Ästhetik am Ariadnefaden des Möglichkeitssinns in ein Jenseits von Zeichenbedeutung, Sinn und *sujet*. Doch dieser Ariadnefaden führt nicht aus dem Labyrinth des Möglichen heraus, sondern immer tiefer in die Welt des Kombinatorischen, Multiplen und der permutationellen Ereignisse hinein. Kunst unter Computerbedingungen konstruiert „ästhetische Labyrinthe“[73], in denen wir uns spielerisch einüben in die Wirklichkeit des Scheins.

---

72 A. A. Moles, Kunst & Computer, S. 91.
73 A. a. O., S. 131.

Literaturverzeichnis

Adorno, Theodor W., Gesammelte Schriften, Ffm (zit.: G. S.)
Allen, Thomas B., War Games, London 1987
Anders, Günther, Die Antiquiertheit des Menschen, München 1956

Ball, Hugo, Die Flucht aus der Zeit, Luzern 1946
Balthasar, Hans Urs v., Herrlichkeit II, Einsiedeln 1962
Barner, Wilfried, Barockrhetorik, Tübingen 1970
Baudrillard, Jean, Cool memories, Paris 1987
–, L'échange symbolique et la mort, Paris 1976
–, „La précession des simulacres“, in: Traverses Nr. 10, Paris 1978
The Beauty of Fractals, hg. v. H.–O. Peitgen und P. H. Richter, Berlin 1980
Bekker, Paul, Wagner. Das Leben im Werke, Berlin/Leipzig 1924
Benjamin, Walter, Gesammelte Schriften, Ffm (zit.: G. S.)
Benn, Gottfried, Gesammelte Werke, Stuttgart ^{4}1977
Bense, Max, Aesthetica III: Ästhetik und Zivilisation, Krefeld und Baden-Baden 1958
Bernhardt, Karl-Heinz, Gott und Bild, Berlin 1956
Blumenberg, Hans, Arbeit am Mythos, Ffm 1979
–, Höhlenausgänge, Ffm 1989
–, Paradigmen zu einer Metaphorologie, Bonn 1960
–, Die Sorge geht über den Fluß, Ffm 1987
–, „Das Recht des Scheins in den menschlichen Ordnungen bei Pascal“, in: Philosophisches Jahrbuch 56/57 (1946/47)
–, Wirklichkeiten, in denen wir leben, Stuttgart 1981
Bolz, Norbert, „Der geklonte Mensch – der letzte Mensch“, in: Der codierte Leib, hg. v. A.Schuller und N. Heim, Zürich 1989
–, Stop Making Sense, Würzburg 1989
–, „Die Verwindung des Erhabenen – Nietzsche“, in: Das Erhabene, hg. v. Chr. Pries, Weinheim 1989
van den Boom, Holger, Digitale Ästhetik, Stuttgart 1987
–, „Vom Modell zur Simulation – Die Zukunft des Designprozesses“, in: Simulation und Wirklichkeit, hg. v. A. Schönberger, Köln 1988
Buber, Martin, Moses, Heidelberg ^{3}1966
Burckhardt, Jacob, Kulturgeschichtliche Vorträge, Stuttgart 1959

Cohen, Hermann, Religion der Vernunft aus den Quellen des Judentums, Darmstadt 1966

de Man, Paul, Allegories of Reading, New Haven & London 1979
Derrida, Jacques, De la grammatologie, Paris 1967
–, Éperons, Paris 1978
–, Psyché, Paris 1987
Diogenes Laertius, Leben und Meinungen berühmter Philosophen, Hamburg ^{2}1967

Einsicht ins Ich, ausgewählt und in Szene gesetzt von D. R. Hofstadter u. D. C. Dennett, Stuttgart 1988

Feuerbach, Ludwig, Werke, Ffm 1976
von Foerster, Heinz, „Das Konstruieren einer Wirklichkeit", in: Die erfundene Wirklichkeit, hg. v. P. Watzlawick, München [5]1988
Foucault, Michel, Les mots et les choses, Paris 1966
Fränkel, Hermann, Dichtung und Philosophie des frühen Griechentums, München [3]1969
Freud, Sigmund, Aus den Anfängen der Psychoanalyse, Ffm 1962
–, Studienausgabe, Ffm 1974
Friedrich, Hugo, „Pascals Paradox", in: Zschr. f. rom. Phil. LVI

Gadamer, Hans-Georg, „Rhetorik, Hermeneutik und Ideologiekritik", in: Hermeneutik und Ideologiekritik, Ffm 1971
Gehlen, Arnold, Der Mensch, Ffm [10]1974
Gerber, Gustav, Die Sprache als Kunst, Bd. I, Bromberg 1871
Goethe, J. W. , ‚Leben des Benvenuto Cellini', Hamburg 1957
Goth, Joachim, Nietzsche und die Rhetorik, Tübingen 1970

Habermas, Jürgen, „Der Universalitätsanspruch der Hermeneutik", in: Hermeneutik und Ideologiekritik, Ffm 1971
Haendler, Gert, Epochen karolingischer Theologie, Berlin
von Harnack, Adolf, Lehrbuch der Dogmengeschichte II, Tübingen [4]1909
von Hase, Dietrich, „Computerfilm – State of the Art 1987", in: Simulation und Wirklichkeit, hg. v. Angela Schönberger, Köln 1988
Hegel, G. W. F., Jenaer Realphilosophie, Hamburg 1969
–, Werke, Ffm 1969
Heidegger, Martin, Denkerfahrungen, Ffm 1983
–, Einführung in die Metaphysik, Tübingen [4]1976
–, Heraklit. Gesamtausgabe Bd. 55, Ffm 1979
–, Holzwege, Ffm [5]1972
–, Nietzsche, 2 Bde, Pfullingen [4]1961
–, Prolegomena zur Geschichte des Zeitbegriffs. Gesamtausgabe Bd. 20, Ffm 1979
–, Sein und Zeit, Tübingen [15]1979
–, Wegmarken, Ffm 1967
Henrich, Dieter, „Hegels Logik der Reflexion. Neue Fassung", in: Hegel-Studien, Beih. 18, Bonn 1978
Hobbes, Thomas, Leviathan, Harmondsworth 1980
–, Of Liberty and Necessity

Jens, Walter, Von deutscher Rede, München [3]1983
Jung, C. G., Seelenprobleme der Gegenwart, Olten 1972

Kant, I., Akademieausgabe Bd. XVIII
–, Kritik der Urteilskraft
–, Kritik der reinen Vernunft
–, Opus postumum
–, Prolegomena zu einer jeden künftigen Metaphysik die als Wissenschaft wird auftreten können, Riga 1783
–, Reflexionen, hg. von B. Erdmann, 1882 ff.
Kartagener, Manes, „Zur Struktur der hebräischen Sprache", in: Studium Generale, Jgg 15, Heft 1 (1962)
Kerényi, Karl, Griechische Grundbegriffe, Zürich 1964
Klages, Ludwig, Der Geist als Widersacher der Seele, Bonn [6]1981

Klossowski, Pierre, Le bain de Diane, Paris 1972
Kojève, Alexandre, Introduction à la lecture de Hegel, Paris ²1960

Lacan, Jacques, Ecrits, Paris 1966
–, Les quatre concepts fondamentaux de la psychanalyse, Paris 1973
–, Télévision, Paris 1974
Lacoue-Labarthe, Philippe, „Le Détour", in: Poétique, Nr. 5, Paris 1971
Lambert, J. H., Neues Organon oder Gedanken über die Erforschung und Bezeichnung des Wahren und dessen Unterscheidung vom Irrtum und Schein, Leipzig 1764
Le Carré, John, A Small Town in Germany, London 1969
Leibniz, G. W., Monadologie, Hamburg 1956
Lem, Stanislaw, Summa technologiae, Ffm 1981
Leopardi, Giacomo, Pensieri
Luhmann, Niklas, Liebe als Passion, Ffm 1982

Mach, Ernst, Die Analyse der Empfindungen, Jena ⁹1922
Mandelbrot, Benoit B., Die fraktale Geometrie der Natur, Basel 1987
Mann, Thomas, Buddenbrooks, Ffm 1967
Marx, Karl / Engels, Friedrich, Werke, Berlin
Maturana, Humberto R., „The Biological Foundations of Self Consciousness", in: Beobachter: Konvergenz der Erkenntnistheorien, München 1990
McLuhan, Marshall, Understanding Media: The Extensions of Man, McGraw-Hill Paperback-Edition 1965
Moles, Abraham A., Kunst & Computer, Köln 1973

Negt, Oskar / Kluge, Alexander, Geschichte und Eigensinn, Ffm 1981
Nietzsche, Friedrich, Gesammelte Werke, Musarionausgabe Bd. V, XI und XVIII
–, Sämtliche Werke. Kritische Studienausgabe, München 1980 (zit.: S. W.)
–, Die Unschuld des Werdens, Kröner-Taschenbuch Bde. 82 und 83
–, Werke, hg. v. K. Schlechta, München ⁶1969
–, Werke, Bd. X, Leipzig 1896

Parmenides, Peri physeos. Vom Wesen des Seienden, Ffm 1969
Pascal, Pensées, Paris 1897
Perincioli, Cristina / Rentmeister, Cillie, Computer und Kreativität, Köln 1990
Platon, Werke, Darmstadt 1970

Quintilian, De causis corruptae eloquentiae

v. Rad, Gerhard, Weisheit in Israel, Neukirchen ²1982

Ricoeur, Paul, Die Interpretation, Ffm 1974
Rumelhart, David E., Parallel Distributed Processing, Vol I, Cambridge/Mass. ⁸1988

Schelling, F. W. J., Sämtliche Werke Bd. VII, Stuttgart und Augsburg 1860
Schiller, Friedrich, Sämtliche Werke Bd. 5, München ⁵1975
Schmitt, Carl, Der Begriff des Politischen, Berlin 1963
–, Ex Captivitate Salus, Köln 1950
–, Die Diktatur, Berlin ⁴1978
–, Der Leviathan in der Staatslehre des Thomas Hobbes, Köln 1982
–, Römischer Katholizismus und politische Form, Stuttgart 1984

Schopenhauer, Arthur, Sämtliche Werke, Cotta-Insel
Spengler, Oswald, Der Untergang des Abendlandes, München 1969

Taubes, Jacob (Hg.), Der Fürst dieser Welt, München/Paderborn ²1985
Theunissen, Michael, „Antwort", in: Fulda/Horstmann/Theunissen, Kritische Darstellung der Metaphysik, Ffm 1980
–, Sein und Schein, Ffm 1978
Turkle, Sherry, „Artificial Intelligence and Psychoanalysis", in: Daedalus, Winter 1988

Varela, Francisco, „Der kreative Zirkel", in: Die erfundene Wirklichkeit, hg .v. P. Watzlawick, München ⁵1988
Virilio, Paul, Krieg und Kino, München 1986
–, Der negative Horizont, München 1989

Warburg, Aby, Heidnisch-antike Weissagung in Wort und Bild zu Luthers Zeiten, Heidelberg 1920
Weber, Max, Gesammelte Aufsätze zur Religionssoziologie, Tübingen
–, Wirtschaft und Gesellschaft, Tübingen ⁵1972
Wiener, Norbert, Cybernetics, NY und London ²1961
Wiener, Oswald, „Turings Test", in: Kursbuch 75: Computerkultur, Berlin 1984

Youngblood, Gene, Expanded Cinema, NY 1970

Vom selben Autor:

Norbert Bolz

Die Welt als Chaos und als Simulation

142 Seiten, kart.
3–7705–2741–0

Der Teufel, des Chaos lieber Sohn, scheint antiquiert, seit die Wissenschaften seine Ursprungssphäre erforschen. Chaos funktioniert heute als wertfreier Begriff, der nicht Ausnahmezustände, sondern Normalitäten beschreibt. Auch hat die wissenschaftliche Eroberung des Ungesonderten und Komplexen Strukturen einer neuen Schönheit offenbart: kaleidoskopisch bunte Fraktale auf den Bildschirmen der Rechner; sie verleihen der ehedem spröde formalisierten Mathematik eine neue Anschaulichkeit und Verständlichkeit. Und computergestützte Simulationen lehren uns mit Unvorhersehbarkeiten und blinden Flecken, Turbulenzen und Irregularitäten umzugehen.
So scheint es keinen Grund mehr für die alte Angst vor dem Chaos zu geben. Seine Erforschung situiert sich an beiden Abhängen des Begriffs: Einmal sucht sie die verborgene Ordnung des Chaos, zum anderen zeigt sie, wie Ordnung in Chaos umschlägt. Das postmoderne Arrangement mit dem Chaos weiß aber wenig von den historischen Bedingungen seiner Möglichkeit. Das liegt offenbar daran, daß die Erfahrung des Chaos in der Geschichte des Denkens einer Logik von Verdrängung und Wiederkehr unterliegt. Der erste Teil dieses Buches rekonstruiert die wichtigsten Etappen einer Entübelung des Chaos. Dieser entübelte Chaosbegriff wird unter Bedingungen der ästhetischen Moderne positivierbar und schließlich unter Computerbedingungen wissenschaftsfähig. Der zweite Teil des Buches zeigt zunächst, wie Chaos zum Schlüsselbegriff

Wilhelm Fink Verlag · München